Ízorgia Thaiföldön

Varázslatos Thai Receptek Egyszerűen

Zsófia Szabó

Résumé

Crevettes sauce litchi *10*
Crevettes sautées à la mandarine *11*
Crevettes mange-tout *12*
Crevettes aux champignons chinois *13*
Crevettes et petits pois sautés *14*
Crevettes au chutney de mangue *15*
Quenelles de crevettes frites avec sauce à l'oignon *17*
Crevettes mandarines aux petits pois *18*
Crevettes de Pékin *19*
Crevettes aux poivrons *20*
Crevettes frites au porc *21*
Crevettes frites à la sauce au xérès *22*
Crevettes frites au sésame *23*
Crevettes sautées dans la coquille *24*
crevettes frites *25*
tempura de crevettes *26*
sous-gencive *27*
Crevettes au Tofu *28*
crevettes à la sauce tomate *29*
Crevettes à la sauce tomate *30*
Crevettes à la sauce tomate et poivre *31*
Crevettes sautées à la sauce tomate *32*
crevettes aux légumes *33*
Crevettes aux châtaignes d'eau *34*
wonton aux crevettes *35*
ormeau au poulet *36*
ormeau aux asperges *37*
Ormeau aux champignons *39*
Ormeau à la sauce d'huître *40*
palourdes cuites à la vapeur *41*
Palourdes aux germes de soja *41*
Palourdes au gingembre et à l'ail *42*

palourdes sautées	*43*
beignets de crabe	*44*
crème de crabe	*45*
Chair de crabe aux feuilles chinoises	*46*
Crabe Foo Yung aux germes de soja	*47*
crabe au gingembre	*48*
Lo Mein au crabe	*49*
Crabe frit au porc	*50*
chair de crabe frite	*51*
boulettes de seiche frites	*52*
Homard cantonais	*53*
homard frit	*54*
Homard cuit à la vapeur et au jambon	*55*
Homard aux Champignons	*56*
queues de homard de porc	*57*
homard frit	*59*
nids de homard	*61*
Moules à la sauce aux haricots noirs	*62*
moules au gingembre	*63*
moules cuites	*64*
huîtres frites	*65*
huîtres au bacon	*66*
Huîtres frites au gingembre	*67*
Huîtres à la sauce aux haricots noirs	*68*
Coquilles Saint-Jacques aux pousses de bambou	*69*
pétoncles à l'oeuf	*70*
pétoncles au brocoli	*71*
pétoncles au gingembre	*73*
pétoncles au jambon	*74*
Coquilles Saint-Jacques mélangées aux herbes	*75*
Saint-Jacques sautées et oignons	*76*
pétoncles aux légumes	*77*
Pétoncles aux Poivrons	*78*
Crevettes aux germes de soja	*79*
Calamar frit	*80*
Paquets de calmars	*81*

rouleaux de calamars frits	83
Calamar frit	84
Crevettes aux champignons séchés	85
calamar aux légumes	86
Rôti de Boeuf à l'Anis	87
viande aux asperges	88
Boeuf aux pousses de bambou	89
Boeuf aux pousses de bambou et champignons	90
Rôti de boeuf chinois	91
Boeuf aux germes de soja	92
Bœuf avec brocoli	94
Boeuf au Sésame et Brocoli	95
viande grillée	96
Viande cantonaise	97
Viande aux carottes	98
Viande aux noix de cajou	99
cocotte de viande lente	100
Boeuf au chou-fleur	101
Boeuf au céleri	102
Viande frite en tranches au céleri	103
Viande effilochée au poulet et céleri	104
viande de poivre	106
Bœuf au chou chinois	108
Côtelette de boeuf	109
viande de concombre	110
Chow Mein au bœuf	111
steak de concombre	113
curry de rosbif	114
ormeau mariné	115
Pousses de Bambou Braisées	116
poulet au concombre	117
Poulet au sésame	118
litchi au gingembre	119
Ailes de poulet rôties rouges	120
Chair de crabe au concombre	121
Champignons marinés	122

Champignons marinés *123*
crevettes et chou-fleur *124*
bâtonnets de jambon au sésame *125*
tofu froid *126*
Poulet au bacon *127*
Poulet frit et banane *129*
Poulet au Gingembre et Champignons *130*
poulet et jambon *132*
Foies De Poulet Grillés *133*
Galettes de crabe à la châtaigne d'eau *134*
dim sum *135*
Rouleaux de poulet et jambon *136*
Tartes au jambon au four *138*
Poisson pseudo-fumé *139*
champignons cuits *141*
Champignons à la sauce d'huîtres *142*
Rouleaux de porc et de laitue *143*
Boulettes de porc et châtaignes *145*
Dumplings au porc *146*
Boulettes de porc et de veau *147*
crevette papillon *148*
Crevettes chinoises *149*
nuages de dragons *150*
Crevettes croustillantes *151*
Crevettes sauce gingembre *152*
Rouleaux de pâtes et crevettes *153*
Toasts aux crevettes *155*
Wontons de porc et crevettes avec sauce aigre-douce *156*
Bouillon de poulet *158*
Soupe aux germes de soja et au porc *159*
Soupe aux ormeaux et aux champignons *160*
Soupe au poulet et asperges *162*
soupe à la viande *163*
Soupe chinoise au bœuf et aux feuilles *164*
Soupe aux choux *165*
soupe de boeuf épicée *166*

soupe céleste	168
Soupe au poulet et pousses de bambou	169
Soupe au poulet et au maïs	170
Soupe au poulet et au gingembre	171
Soupe de poulet aux champignons chinois	172
Soupe au poulet et riz	173
Soupe au poulet et à la noix de coco	174
soupe aux fruits de mer	175
soupe aux œufs	176
Soupe de crabe et pétoncles	177
soupe de crabe	179
Soupe de poisson	180
Soupe de poisson et de laitue	181
Soupe de gingembre aux boulettes	183
soupe aigre-piquante	184
Soupe aux champignons	185
Soupe aux choux et champignons	186
soupe aux œufs et aux champignons	187
Soupe aux champignons et châtaignes d'eau	188
Soupe de porc et champignons	189
Soupe de porc et cresson	190
Soupe de porc et concombre	191
Soupe aux boulettes de porc et nouilles	192
Soupe aux épinards et au tofu	193
Soupe de maïs et crabe	194
Soupe du Sichuan	195
soupe au tofu	197
Soupe de tofu et poisson	198
Soupe à la tomate	199
Soupe de tomates et épinards	200
soupe de navet	201
Bouillon	202
soupe végétarienne	203
Soupe de cresson	204
Poisson frit aux légumes	205
poisson entier rôti	207

poisson de soja braisé	208
Poisson de soja à la sauce d'huîtres	210
bar cuit à la vapeur	212
Ragoût de poisson aux champignons	213
Poisson aigre-doux	215
Poisson farci au porc	217

Crevettes sauce litchi

pour 4 personnes

50 g / 2 oz / ¬Ω Tasse simple (tout usage)
Farine
2,5 ml/¬Ω cc de sel
1 oeuf légèrement battu
30 ml/2 cuillères à soupe d'eau
450 g de crevettes décortiquées
huile de friture
30 ml/2 cuillères à soupe d'huile d'arachide
2 tranches de racine de gingembre hachée
30 ml/2 cuillères à soupe de vinaigre de vin
5 ml/1 cuillère à café de sucre
2,5 ml/¬Ω cc de sel
15 ml/1 cuillère à soupe de sauce soja
200 g de litchi en conserve égouttés

Pétrir la farine, le sel, l'œuf et l'eau pour obtenir une pâte, en ajoutant un peu d'eau si nécessaire. Mélanger avec les crevettes jusqu'à ce qu'elles soient bien enrobées. Faites chauffer l'huile et faites frire les crevettes pendant quelques minutes jusqu'à ce qu'elles soient croustillantes et dorées. Égoutter sur du papier absorbant et déposer sur une assiette chaude. Pendant ce temps, faites chauffer l'huile et faites revenir le gingembre pendant 1 minute. Ajouter le vinaigre de vin, le sucre, le sel et la sauce soja. Ajouter les litchis et remuer jusqu'à ce qu'ils soient chauds et enrobés de sauce. Versez sur les crevettes et servez immédiatement.

Crevettes sautées à la mandarine

pour 4 personnes

60 ml / 4 cuillères à soupe d'huile d'arachide

1 gousse d'ail écrasée

1 tranche de racine de gingembre hachée

450 g de crevettes décortiquées

30 ml/2 cuillères à soupe de vin de riz ou de xérès sec 30 ml/2 cuillères à soupe de sauce soja

15 ml / 1 cuillère à soupe de fécule de maïs (farine de maïs)

45 ml / 3 cuillères à soupe d'eau

Faites chauffer l'huile et faites revenir l'ail et le gingembre jusqu'à ce qu'ils soient légèrement dorés. Ajouter les crevettes et faire revenir 1 minute. Ajoutez le vin ou le sherry et mélangez bien. Ajouter la sauce soja, la fécule de maïs et l'eau et faire sauter pendant 2 minutes.

Crevettes mange-tout

pour 4 personnes
5 champignons chinois séchés
225 g/8 oz de germes de soja
60 ml / 4 cuillères à soupe d'huile d'arachide
5 ml/1 cuillère à café de sel
2 branches de céleri hachées
4 oignons verts (ciboulette), hachés
2 gousses d'ail écrasées
2 tranches de racine de gingembre hachée
60 ml/4 cuillères à soupe d'eau
15 ml/1 cuillère à soupe de sauce soja
15 ml / 1 cuillère à soupe de vin de riz ou de xérès sec
8 oz/225 g de petits pois
225 g de crevettes décortiquées
15 ml / 1 cuillère à soupe de fécule de maïs (farine de maïs)

Faites tremper les champignons dans l'eau tiède pendant 30 minutes puis égouttez-les. Jetez les tiges et coupez les extrémités. Blanchir les germes de soja dans l'eau bouillante pendant 5 minutes et bien les égoutter. Faites chauffer la moitié de l'huile et faites revenir le sel, le céleri, la ciboulette et les germes de soja pendant 1 minute et retirez-les de la poêle. Faites chauffer le reste de l'huile et faites revenir l'ail et le gingembre jusqu'à ce qu'ils soient légèrement dorés. Ajouter la moitié de l'eau, la sauce soja, le vin ou le xérès, le basilic et les crevettes, porter à ébullition et cuire 3 minutes. Mélangez la fécule de maïs et le reste de l'eau jusqu'à former une pâte, ajoutez-la dans la poêle et faites cuire en remuant jusqu'à ce que la sauce épaississe. Remettez les légumes dans la poêle et faites cuire jusqu'à ce qu'ils soient bien chauds. Sers immédiatement.

Crevettes aux champignons chinois

pour 4 personnes

8 champignons chinois séchés
45 ml/3 cuillères à soupe d'huile d'arachide
3 tranches de racine de gingembre hachée

450 g de crevettes décortiquées
15 ml/1 cuillère à soupe de sauce soja
5 ml/1 cuillère à café de sel
60 ml / 4 cuillères à soupe de bouillon de poisson

Faites tremper les champignons dans l'eau tiède pendant 30 minutes puis égouttez-les. Jetez les tiges et coupez les extrémités. Faites chauffer la moitié de l'huile d'olive et faites revenir le gingembre jusqu'à ce qu'il soit légèrement doré. Ajouter les crevettes, la sauce soja et le sel et faire revenir jusqu'à ce qu'elles soient recouvertes d'huile et retirer de la poêle. Faites chauffer le reste de l'huile et faites revenir les champignons jusqu'à ce qu'ils soient recouverts d'huile. Ajoutez le bouillon, portez à ébullition, couvrez et laissez cuire 3 minutes. Remettez les crevettes dans la poêle et remuez jusqu'à ce qu'elles soient bien chaudes.

Crevettes et petits pois sautés

pour 4 personnes

450 g de crevettes décortiquées
5 ml/1 cuillère à café d'huile de sésame
5 ml/1 cuillère à café de sel

30 ml/2 cuillères à soupe d'huile d'arachide

1 gousse d'ail écrasée

1 tranche de racine de gingembre hachée

8 oz/225 g de petits pois blanchis ou surgelés, décongelés

4 oignons verts (ciboulette), hachés

30 ml/2 cuillères à soupe d'eau

sel et poivre

Mélanger les crevettes avec l'huile de sésame et le sel. Faites chauffer l'huile et faites revenir l'ail et le gingembre pendant 1 minute. Ajouter les crevettes et faire revenir 2 minutes. Ajouter les petits pois et faire revenir 1 minute. Ajouter les échalotes et l'eau et assaisonner avec du sel, du poivre et un peu plus d'huile de sésame, si désiré. Réchauffer en remuant soigneusement avant de servir.

Crevettes au chutney de mangue

pour 4 personnes

12 crevettes

sel et poivre

1 jus de citron

30 ml / 2 cuillères à soupe de fécule de maïs (farine de maïs)
1 manche
5 ml/1 cuillère à café de moutarde en poudre
5 ml/1 cuillère à café de miel
30 ml/2 cuillères à soupe de crème de coco
30 ml/2 cuillères à soupe de poudre de curry doux
120 ml/4 fl oz/¬Ω tasse de bouillon de poulet
45 ml/3 cuillères à soupe d'huile d'arachide
2 gousses d'ail, hachées
2 ciboulette (ciboulette), hachée
1 fenouil haché
100 g de chutney de mangue

Épluchez les crevettes en laissant la queue intacte. Saupoudrer de sel, de poivre et de jus de citron et garnir de la moitié de la fécule de maïs. Épluchez la mangue, coupez la pulpe du noyau puis coupez la pulpe en cubes. Ajouter la moutarde, le miel, la crème de coco, la poudre de curry, le reste de fécule de maïs et le bouillon. Faites chauffer la moitié de l'huile d'olive et faites revenir l'ail, la ciboulette et le fenouil pendant 2 minutes. Ajouter le mélange de bouillon, porter à ébullition et cuire 1 minute. Ajoutez les cubes de mangue et le chutney et faites chauffer doucement, puis transférez dans une assiette chaude. Faites chauffer le reste de l'huile et faites revenir les crevettes pendant 2 minutes. Disposez-les sur les légumes et servez aussitôt.

Quenelles de crevettes frites avec sauce à l'oignon

pour 4 personnes

3 œufs légèrement battus
45 ml / 3 cuillères à soupe de farine de blé (tout usage)
sel et poivre fraîchement moulu
450 g de crevettes décortiquées
huile de friture
15 ml / 1 cuillère à soupe d'huile d'arachide
2 oignons hachés
15 ml / 1 cuillère à soupe de fécule de maïs (farine de maïs)
30 ml/2 cuillères à soupe de sauce soja
6 fl oz/¬œ tasse d'eau

Mélangez les œufs, la farine, le sel et le poivre. Trempez les crevettes dans le mélange. Faites chauffer l'huile et faites frire les crevettes jusqu'à ce qu'elles soient dorées. Pendant ce temps, faites chauffer l'huile et faites revenir l'oignon pendant 1 minute. Mélanger le reste des ingrédients jusqu'à formation d'une pâte, ajouter l'oignon et cuire en remuant jusqu'à ce que la sauce épaississe. Égoutter les crevettes et les déposer sur une assiette chaude. Assaisonner avec la sauce et servir aussitôt.

Crevettes mandarines aux petits pois

pour 4 personnes

60 ml / 4 cuillères à soupe d'huile d'arachide
1 gousse d'ail émincée
1 tranche de racine de gingembre hachée
450 g de crevettes décortiquées
30 ml / 2 cuillères à soupe de vin de riz ou de xérès sec
225 g de petits pois surgelés, décongelés
30 ml/2 cuillères à soupe de sauce soja
15 ml / 1 cuillère à soupe de fécule de maïs (farine de maïs)
45 ml / 3 cuillères à soupe d'eau

Faites chauffer l'huile et faites revenir l'ail et le gingembre jusqu'à ce qu'ils soient légèrement dorés. Ajouter les crevettes et faire revenir 1 minute. Ajoutez le vin ou le sherry et mélangez bien. Ajouter les petits pois et faire revenir 5 minutes. Ajoutez le reste des ingrédients et faites revenir 2 minutes.

Crevettes de Pékin

pour 4 personnes

30 ml/2 cuillères à soupe d'huile d'arachide
2 gousses d'ail écrasées
1 tranche de racine de gingembre, hachée finement
225 g de crevettes décortiquées
4 oignons verts (ciboulette), coupés en tranches épaisses
120 ml/4 fl oz/¬Ω tasse de bouillon de poulet
5 ml/1 cuillère à café de cassonade
5 ml/1 cuillère à café de sauce soja
5 ml/1 cuillère à café de sauce hoisin
5 ml/1 cuillère à café de sauce Tabasco

Faites chauffer l'huile d'olive avec l'ail et le gingembre et faites revenir jusqu'à ce que l'ail soit légèrement doré. Ajouter les crevettes et faire revenir 1 minute. Ajoutez les échalotes et faites revenir 1 minute. Ajouter le reste des ingrédients, porter à ébullition, couvrir et laisser cuire 4 minutes en remuant de temps en temps. Vérifiez l'assaisonnement et ajoutez un peu de Tabasco si vous le souhaitez.

Crevettes aux poivrons

pour 4 personnes

30 ml/2 cuillères à soupe d'huile d'arachide
1 poivron vert coupé en morceaux
450 g de crevettes décortiquées
10 ml/2 cuillères à café de fécule de maïs (farine de maïs)
60 ml/4 cuillères à soupe d'eau
5 ml/1 cuillère à café de vin de riz ou de xérès sec
2,5 ml/¬Ω cc de sel
45 ml / 2 cuillères à soupe de purée de tomates (pâte)

Faites chauffer l'huile d'olive et faites revenir les poivrons pendant 2 minutes. Ajouter les crevettes et le concentré de tomates et bien mélanger. Mélangez l'eau de semoule de maïs, le vin ou le xérès et le sel jusqu'à ce qu'une pâte se forme, mélangez dans la poêle et faites cuire en remuant constamment jusqu'à ce que la sauce s'éclaircisse et épaississe.

Crevettes frites au porc

pour 4 personnes

225 g de crevettes décortiquées
100 g de porc maigre, haché
60 ml / 4 cuillères à soupe de vin de riz ou de xérès sec
1 blanc d'oeuf
45 ml / 3 cuillères à soupe de farine de maïs (amidon de maïs)
5 ml/1 cuillère à café de sel
15 ml / 1 cuillère à soupe d'eau (facultatif)
90 ml/6 cuillères à soupe d'huile d'arachide
45 ml / 3 cuillères à soupe de bouillon de poisson
5 ml/1 cuillère à café d'huile de sésame

Placer les crevettes et le porc dans des bols séparés. Mélangez 45 ml/3 cuillères à soupe de vin ou de xérès, le blanc d'œuf, 30 ml/2 cuillères à soupe de maïzena et le sel jusqu'à obtenir une pâte lisse, en ajoutant de l'eau si nécessaire. Répartissez le mélange entre le porc et les crevettes et mélangez bien. Faites chauffer l'huile et faites revenir le porc et les crevettes pendant quelques minutes jusqu'à ce qu'ils soient dorés. Retirer de la poêle et verser tout sauf 15 ml/1 cuillère à soupe d'huile. Ajoutez le bouillon dans la poêle avec le reste du vin ou du sherry et la fécule de maïs. Porter à ébullition et cuire en remuant jusqu'à ce que la sauce épaississe. Verser sur les crevettes et le porc et servir arrosé d'huile de sésame.

Crevettes frites à la sauce au xérès

pour 4 personnes

50 g/2 oz/¬Ω tasse de farine nature (tout usage)
2,5 ml/¬Ω cc de sel
1 oeuf légèrement battu
30 ml/2 cuillères à soupe d'eau
450 g de crevettes décortiquées
huile de friture
15 ml / 1 cuillère à soupe d'huile d'arachide
1 oignon haché
45 ml / 3 cuillères à soupe de vin de riz ou de xérès sec
15 ml/1 cuillère à soupe de sauce soja
120 ml/4 fl oz/¬Ω tasse de bouillon de poisson
10 ml/2 cuillères à café de fécule de maïs (farine de maïs)
30 ml/2 cuillères à soupe d'eau

Pétrir la farine, le sel, l'œuf et l'eau pour obtenir une pâte, en ajoutant un peu d'eau si nécessaire. Mélanger avec les crevettes jusqu'à ce qu'elles soient bien enrobées. Faites chauffer l'huile et faites frire les crevettes pendant quelques minutes jusqu'à ce qu'elles soient croustillantes et dorées. Égoutter sur du papier absorbant et déposer sur une assiette chaude. Pendant ce temps, faites chauffer l'huile et faites revenir l'oignon jusqu'à ce qu'il soit tendre. Ajoutez le vin ou le xérès, la sauce soja et le bouillon, portez à ébullition et laissez cuire 4 minutes. Mélanger la fécule de maïs et l'eau pour obtenir une pâte, mélanger dans une casserole et cuire en remuant jusqu'à ce que la sauce s'éclaircisse et épaississe. Versez la sauce sur les crevettes et servez.

Crevettes frites au sésame

pour 4 personnes

450 g de crevettes décortiquées

¬Ω blanc d'oeuf

5 ml/1 cuillère à café de sauce soja

5 ml/1 cuillère à café d'huile de sésame

50 g / 2 oz / ¬Ω tasse de farine de maïs (amidon de maïs)

sel et poivre blanc fraîchement moulu

huile de friture

60 ml/4 cuillères à soupe de graines de sésame
feuilles de laitue

Mélangez les crevettes avec le blanc d'œuf, la sauce soja, l'huile de sésame, la fécule de maïs, le sel et le poivre. Ajoutez un peu d'eau si le mélange est trop épais. Faites chauffer l'huile et faites revenir les crevettes pendant quelques minutes jusqu'à ce qu'elles soient légèrement dorées. Pendant ce temps, faites griller rapidement les graines de sésame dans une poêle à sec jusqu'à ce qu'elles soient dorées. Égouttez les crevettes et mélangez-les avec les graines de sésame. Servir sur un lit de laitue.

Crevettes sautées dans la coquille

pour 4 personnes
60 ml / 4 cuillères à soupe d'huile d'arachide
750 g/1¬Ω lb de crevettes décortiquées
3 ciboulette (ciboulette), hachée
3 tranches de racine de gingembre hachée
2,5 ml/¬Ω cc de sel
15 ml / 1 cuillère à soupe de vin de riz ou de xérès sec
120 ml/4 fl oz/¬Ω tasse de ketchup aux tomates (ketchup)

15 ml/1 cuillère à soupe de sauce soja
15 ml/1 cuillère à soupe de sucre
15 ml / 1 cuillère à soupe de fécule de maïs (farine de maïs)
60 ml/4 cuillères à soupe d'eau

Faites chauffer l'huile et faites frire les crevettes pendant 1 minute si elles sont cuites ou jusqu'à ce qu'elles deviennent roses si elles ne sont pas cuites. Ajoutez l'oignon, le gingembre, le sel et le vin ou le xérès et faites revenir pendant 1 minute. Ajouter le ketchup, la sauce soja et le sucre et faire sauter pendant 1 minute. Mélanger la fécule de maïs et l'eau, verser dans la poêle et cuire en remuant jusqu'à ce que la sauce s'éclaircisse et épaississe.

crevettes frites

pour 4 personnes

75g/3oz/½ tasse de farine de maïs (amidon de maïs)
1 blanc d'oeuf
5 ml/1 cuillère à café de vin de riz ou de xérès sec
sel
350 g de crevettes décortiquées
huile de friture

Battre la fécule de maïs, les blancs d'œufs, le vin ou le xérès et une pincée de sel jusqu'à formation d'une pâte épaisse. Tremper les crevettes dans la pâte jusqu'à ce qu'elles soient bien enrobées. Faites chauffer l'huile d'olive à feu moyen et faites revenir les crevettes pendant quelques minutes jusqu'à ce qu'elles soient dorées. Retirer de l'huile, chauffer jusqu'à ce qu'il soit chaud et faire revenir les crevettes jusqu'à ce qu'elles soient croustillantes et dorées.

tempura de crevettes

pour 4 personnes
450 g de crevettes décortiquées
30 ml / 2 cuillères à soupe de farine de blé (tout usage)
30 ml / 2 cuillères à soupe de fécule de maïs (farine de maïs)
30 ml/2 cuillères à soupe d'eau
2 oeufs battus
huile de friture

Coupez les crevettes en deux le long de la courbe intérieure et séparez-les en forme de papillon. Mélangez la farine, la fécule de maïs et l'eau jusqu'à obtenir une pâte et ajoutez les œufs. Faites chauffer l'huile et faites frire les crevettes jusqu'à ce qu'elles soient dorées.

sous-gencive

pour 4 personnes

30 ml/2 cuillères à soupe d'huile d'arachide

2 ciboulette (ciboulette), hachée

1 gousse d'ail écrasée

1 tranche de racine de gingembre hachée

100 g de blanc de poulet coupé en lanières

100 g de jambon coupé en lanières

100 g de pousses de bambou coupées en lamelles

100 g de châtaignes d'eau coupées en lamelles

225 g de crevettes décortiquées

30 ml/2 cuillères à soupe de sauce soja

30 ml / 2 cuillères à soupe de vin de riz ou de xérès sec

5 ml/1 cuillère à café de sel

5 ml/1 cuillère à café de sucre

5 ml/1 cuillère à café de fécule de maïs (amidon de maïs)

Faites chauffer l'huile et faites revenir la ciboulette, l'ail et le gingembre jusqu'à ce qu'ils soient légèrement dorés. Ajouter le poulet et faire revenir 1 minute. Ajoutez le jambon, les pousses de bambou et les châtaignes d'eau et faites revenir 3 minutes.

Ajouter les crevettes et faire revenir 1 minute. Ajouter la sauce soja, le vin ou le xérès, le sel et le sucre et faire sauter pendant 2 minutes. Mélangez la fécule de maïs avec un peu d'eau, versez dans la casserole et faites cuire en remuant pendant 2 minutes.

Crevettes au Tofu

pour 4 personnes

45 ml/3 cuillères à soupe d'huile d'arachide

8 oz/225 g de tofu coupé en dés

1 échalote (oignon vert), hachée

1 gousse d'ail écrasée

15 ml/1 cuillère à soupe de sauce soja

5 ml/1 cuillère à café de sucre

90 ml / 6 cuillères à soupe de bouillon de poisson

225 g de crevettes décortiquées

15 ml / 1 cuillère à soupe de fécule de maïs (farine de maïs)

45 ml / 3 cuillères à soupe d'eau

Faites chauffer la moitié de l'huile et faites frire le tofu jusqu'à ce qu'il soit légèrement doré, puis retirez-le de la poêle. Faites chauffer le reste de l'huile et faites revenir les oignons et l'ail jusqu'à ce qu'ils soient dorés. Ajouter la sauce soja, le sucre et le bouillon et porter à ébullition. Ajoutez les crevettes et remuez à feu doux pendant 3 minutes. Mélangez la semoule de maïs et l'eau jusqu'à obtenir une pâte, mélangez dans une casserole et faites cuire en remuant jusqu'à ce que la sauce épaississe. Remettez le tofu dans la poêle et faites cuire lentement jusqu'à ce qu'il soit bien chaud.

crevettes à la sauce tomate

pour 4 personnes

2 blancs d'œufs

30 ml / 2 cuillères à soupe de fécule de maïs (farine de maïs)

5 ml/1 cuillère à café de sel

450 g de crevettes décortiquées

huile de friture

30 ml / 2 cuillères à soupe de vin de riz ou de xérès sec

8 oz/225 g de tomates pelées, épépinées et hachées

Mélangez les blancs d'œufs, la fécule de maïs et le sel. Remuer les crevettes jusqu'à ce qu'elles soient bien enrobées. Faites chauffer l'huile et faites frire les crevettes jusqu'à ce qu'elles soient cuites. Versez tout sauf 15 ml/1 cuillère à soupe d'huile et faites chauffer. Ajouter le vin ou le xérès et les tomates et porter à ébullition. Ajouter les crevettes et réchauffer rapidement avant de servir.

Crevettes à la sauce tomate

pour 4 personnes

30 ml/2 cuillères à soupe d'huile d'arachide
1 gousse d'ail écrasée
2 tranches de racine de gingembre hachée
2,5 ml/¬Ω cc de sel
15 ml / 1 cuillère à soupe de vin de riz ou de xérès sec
15 ml/1 cuillère à soupe de sauce soja
6 ml/4 cuillères à soupe de ketchup (ketchup)
120 ml/4 fl oz/¬Ω tasse de bouillon de poisson
350 g de crevettes décortiquées
10 ml/2 cuillères à café de fécule de maïs (farine de maïs)
30 ml/2 cuillères à soupe d'eau

Faites chauffer l'huile et faites revenir l'ail, le gingembre et le sel pendant 2 minutes. Ajouter le vin ou le sherry, la sauce soja, le ketchup et le bouillon et porter à ébullition. Ajoutez les crevettes, couvrez et laissez cuire 2 minutes. Mélangez la fécule de maïs et l'eau jusqu'à former une pâte, ajoutez-la dans la poêle et faites cuire en remuant jusqu'à ce que la sauce s'éclaircisse et épaississe.

Crevettes à la sauce tomate et poivre

pour 4 personnes

60 ml / 4 cuillères à soupe d'huile d'arachide
15 ml/1 cuillère à soupe de gingembre haché
15 ml / 1 cuillère à soupe d'ail émincé
15 ml / 1 cuillère à soupe de ciboulette ciselée
60 ml/4 cuillères à soupe de purée de tomates (pâtes)
15 ml / 1 cuillère à soupe de sauce chili
450 g de crevettes décortiquées
15 ml / 1 cuillère à soupe de fécule de maïs (farine de maïs)
15 ml/1 cuillère à soupe d'eau

Faites chauffer l'huile et faites revenir le gingembre, l'ail et l'oignon nouveau pendant 1 minute. Ajouter la purée de tomates et la sauce au poivre et bien mélanger. Ajouter les crevettes et faire revenir 2 minutes. Mélangez la fécule de maïs et l'eau jusqu'à obtenir une pâte, mélangez dans la poêle et laissez cuire jusqu'à ce que la sauce épaississe. Sers immédiatement.

Crevettes sautées à la sauce tomate

pour 4 personnes

50 g/2 oz/¬Ω tasse de farine nature (tout usage)
2,5 ml/¬Ω cc de sel
1 oeuf légèrement battu
30 ml/2 cuillères à soupe d'eau
450 g de crevettes décortiquées
huile de friture
30 ml/2 cuillères à soupe d'huile d'arachide
1 oignon haché
2 tranches de racine de gingembre hachée
75 ml / 5 cuillères à soupe de ketchup (ketchup)
10 ml/2 cuillères à café de fécule de maïs (farine de maïs)
30 ml/2 cuillères à soupe d'eau

Pétrir la farine, le sel, l'œuf et l'eau pour obtenir une pâte, en ajoutant un peu d'eau si nécessaire. Mélanger avec les crevettes jusqu'à ce qu'elles soient bien enrobées. Faites chauffer l'huile et faites frire les crevettes pendant quelques minutes jusqu'à ce qu'elles soient croustillantes et dorées. Égoutter sur du papier absorbant.

Pendant ce temps, faites chauffer l'huile et faites revenir l'oignon et le gingembre jusqu'à ce qu'ils soient tendres. Ajouter le ketchup aux tomates et cuire 3 minutes. Fouetter la fécule de maïs et l'eau jusqu'à ce qu'elle forme une pâte, incorporer dans la poêle et cuire en remuant jusqu'à ce que la sauce épaississe. Ajouter les crevettes dans la poêle et cuire jusqu'à ce qu'elles soient bien chaudes. Sers immédiatement.

crevettes aux légumes

pour 4 personnes

15 ml / 1 cuillère à soupe d'huile d'arachide

8 oz/225 g de fleurons de brocoli

225 g de champignons de Paris

8 oz/225 g de pousses de bambou, tranchées

450 g de crevettes décortiquées

120 ml/4 fl oz/¬Ω tasse de bouillon de poulet

5 ml/1 cuillère à café de fécule de maïs (amidon de maïs)

5 ml/1 cuillère à café de sauce aux huîtres

2,5 ml/½ c. sucre

2,5 ml/½ c. racine de gingembre râpée

pincée de poivre fraîchement moulu

Faites chauffer l'huile d'olive et faites revenir le brocoli pendant 1 minute. Ajoutez les champignons et les pousses de bambou et faites revenir 2 minutes. Ajouter les crevettes et faire revenir 2 minutes. Mélanger le reste des ingrédients et incorporer au mélange de crevettes. Porter à ébullition en remuant et cuire 1 minute en remuant constamment.

Crevettes aux châtaignes d'eau

pour 4 personnes

60 ml / 4 cuillères à soupe d'huile d'arachide

1 gousse d'ail émincée

1 tranche de racine de gingembre hachée

450 g de crevettes décortiquées

2 cuillères à soupe/30 ml de vin de riz ou de xérès sec 225 g de châtaignes d'eau tranchées

30 ml/2 cuillères à soupe de sauce soja

15 ml / 1 cuillère à soupe de fécule de maïs (farine de maïs)

45 ml / 3 cuillères à soupe d'eau

Faites chauffer l'huile et faites revenir l'ail et le gingembre jusqu'à ce qu'ils soient légèrement dorés. Ajouter les crevettes et faire revenir 1 minute. Ajoutez le vin ou le sherry et mélangez bien. Ajoutez les châtaignes d'eau et faites revenir 5 minutes. Ajoutez le reste des ingrédients et faites revenir 2 minutes.

wonton aux crevettes

pour 4 personnes

450 g de crevettes pelées et hachées

225 g de mélange de légumes hachés

15 ml/1 cuillère à soupe de sauce soja

2,5 ml/¬Ω cc de sel

quelques gouttes d'huile de sésame

40 peaux de wonton
huile de friture

Mélanger les crevettes, les légumes, la sauce soja, le sel et l'huile de sésame.

Pour plier les wontons, tenez la peau dans la paume de votre main gauche et déposez un peu de garniture au centre. Humidifiez les bords avec l'œuf et pliez la coquille en triangle en scellant les bords. Humidifiez les coins avec l'œuf et essorez-les.

Faites chauffer l'huile et faites frire les wontons petit à petit jusqu'à ce qu'ils soient dorés. Bien égoutter avant de servir.

ormeau au poulet

pour 4 personnes

400 g d'ormeau en conserve
30 ml/2 cuillères à soupe d'huile d'arachide
100 g de blanc de poulet coupé en dés
100 g de pousses de bambou coupées en tranches
250 ml / 8 oz / 1 tasse de bouillon de poisson

15 ml / 1 cuillère à soupe de vin de riz ou de xérès sec

5 ml/1 cuillère à café de sucre

2,5 ml/¬Ω cc de sel

15 ml / 1 cuillère à soupe de fécule de maïs (farine de maïs)

45 ml / 3 cuillères à soupe d'eau

Égoutter et hacher l'ormeau en réservant le jus. Faites chauffer l'huile et faites frire le poulet jusqu'à ce qu'il soit légèrement doré. Ajoutez les ormeaux et les pousses de bambou et faites revenir 1 minute. Ajoutez le liquide d'ormeau, le bouillon, le vin ou le xérès, le sucre et le sel, portez à ébullition et laissez cuire 2 minutes. Mélanger la fécule de maïs et l'eau jusqu'à former une pâte et cuire en remuant jusqu'à ce que la sauce s'éclaircisse et épaississe. Sers immédiatement.

ormeau aux asperges

pour 4 personnes

10 champignons chinois séchés

30 ml/2 cuillères à soupe d'huile d'arachide

15 ml/1 cuillère à soupe d'eau

225 g d'asperges

2,5 ml/¬Ω cuillère à café de sauce de poisson

15 ml / 1 cuillère à soupe de fécule de maïs (farine de maïs)

8 oz/225 g d'ormeau en conserve, tranché

60 ml/4 cuillères à soupe de bouillon

¬Ω petites carottes tranchées

5 ml/1 cuillère à café de sauce soja

5 ml/1 cuillère à café de sauce aux huîtres

5 ml/1 cuillère à café de vin de riz ou de xérès sec

Faites tremper les champignons dans l'eau tiède pendant 30 minutes puis égouttez-les. Jetez les tiges. Faites chauffer 15 ml/1 cuillère à soupe d'huile avec de l'eau et faites revenir les chapeaux de champignons pendant 10 minutes. Pendant ce temps, faites cuire les asperges dans l'eau bouillante avec la sauce de poisson et 5 ml/1 c. fécule de maïs jusqu'à ce qu'elle soit tendre. Bien égoutter et déposer sur une assiette chaude avec les champignons. Gardez-les au chaud. Faites chauffer le reste de l'huile et faites revenir les ormeaux pendant quelques secondes, puis ajoutez le bouillon, les carottes, la sauce soja, la sauce aux huîtres, le vin ou le xérès et le reste de fécule de maïs. Cuire environ 5 minutes jusqu'à ce qu'elles soient bien cuites, verser sur les asperges et servir.

Ormeau aux champignons

pour 4 personnes

6 champignons chinois séchés
400 g d'ormeau en conserve
45 ml/3 cuillères à soupe d'huile d'arachide
2,5 ml/¬Ω cc de sel
15 ml / 1 cuillère à soupe de vin de riz ou de xérès sec
3 oignons nouveaux (oignons verts), coupés en tranches épaisses

Faites tremper les champignons dans l'eau tiède pendant 30 minutes puis égouttez-les. Jetez les tiges et coupez les extrémités. Égoutter et hacher l'ormeau en réservant le jus. Faites chauffer l'huile d'olive et faites revenir le sel et les champignons pendant 2 minutes. Ajouter le liquide d'ormeau et le sherry, porter à ébullition, couvrir et cuire 3 minutes. Ajouter les ormeaux et les oignons verts et cuire jusqu'à ce qu'ils soient bien chauds. Sers immédiatement.

Ormeau à la sauce d'huître

pour 4 personnes

400 g d'ormeau en conserve
15 ml / 1 cuillère à soupe de fécule de maïs (farine de maïs)
15 ml/1 cuillère à soupe de sauce soja
45 ml / 3 cuillères à soupe de sauce aux huîtres
30 ml/2 cuillères à soupe d'huile d'arachide
50 g de jambon fumé haché

Égoutter la boîte d'ormeau en réservant 6 cuillères à soupe/90 ml de liquide. Mélanger avec la fécule de maïs, la sauce soja et la sauce aux huîtres. Faites chauffer l'huile d'olive et faites revenir les ormeaux égouttés pendant 1 minute. Ajouter le mélange de sauce et cuire, en remuant constamment, pendant environ 1 minute jusqu'à ce que le tout soit bien chaud. Transférer sur une assiette chaude et servir garni de jambon.

palourdes cuites à la vapeur

pour 4 personnes

24 palourdes

Nettoyez soigneusement les palourdes et faites-les tremper dans de l'eau salée pendant quelques heures. Rincer sous l'eau courante et placer dans un bol allant au four. Placer sur une grille dans le cuiseur vapeur, couvrir et cuire dans de l'eau doucement bouillante pendant environ 10 minutes jusqu'à ce que toutes les palourdes soient ouvertes. Jetez ceux qui restent fermés. Servir avec des sauces.

Palourdes aux germes de soja

pour 4 personnes

24 palourdes
15 ml / 1 cuillère à soupe d'huile d'arachide
Germes de soja 150g / 5oz
1 poivron vert coupé en lanières
2 ciboulette (ciboulette), hachée

15 ml / 1 cuillère à soupe de vin de riz ou de xérès sec
sel et poivre fraîchement moulu
2,5 ml/¬Ω c. huile de sésame
50 g de jambon fumé haché

Nettoyez soigneusement les palourdes et faites-les tremper dans de l'eau salée pendant quelques heures. Rincer sous l'eau courante. Portez une casserole d'eau à ébullition, ajoutez les palourdes et laissez cuire quelques minutes jusqu'à ce qu'elles s'ouvrent. Égoutter et jeter ceux qui restent fermés. Retirez les palourdes des coquilles.

Faites chauffer l'huile et faites revenir les germes de soja pendant 1 minute. Ajoutez le poivre et la ciboulette et faites revenir 2 minutes. Ajoutez le vin ou le xérès et assaisonnez de sel et de poivre. Faites chauffer, ajoutez les palourdes et remuez jusqu'à ce que le tout soit bien mélangé et bien chaud. Transférer sur une assiette chaude et servir arrosé d'huile de sésame et de jambon.

Palourdes au gingembre et à l'ail

pour 4 personnes

24 palourdes
15 ml / 1 cuillère à soupe d'huile d'arachide
2 tranches de racine de gingembre hachée

2 gousses d'ail écrasées
15 ml/1 cuillère à soupe d'eau
5 ml/1 cuillère à café d'huile de sésame
sel et poivre fraîchement moulu

Nettoyez soigneusement les palourdes et faites-les tremper dans de l'eau salée pendant quelques heures. Rincer sous l'eau courante. Faites chauffer l'huile et faites revenir le gingembre et l'ail pendant 30 secondes. Ajouter les palourdes, l'eau et l'huile de sésame, couvrir et cuire environ 5 minutes jusqu'à ce que les palourdes s'ouvrent. Jetez ceux qui restent fermés. Assaisonner légèrement de sel et de poivre et servir aussitôt.

palourdes sautées

pour 4 personnes

24 palourdes
60 ml / 4 cuillères à soupe d'huile d'arachide
4 gousses d'ail, hachées

1 oignon haché
2,5 ml/½ cc de sel

Nettoyez soigneusement les palourdes et faites-les tremper dans de l'eau salée pendant quelques heures. Rincer sous l'eau courante puis sécher. Faites chauffer l'huile et faites revenir l'ail, l'oignon et le sel jusqu'à ce qu'ils soient tendres. Ajoutez les palourdes, couvrez et laissez cuire à feu doux pendant environ 5 minutes jusqu'à ce que toutes les coquilles soient ouvertes. Jetez ceux qui restent fermés. Faire revenir doucement encore 1 minute en arrosant d'huile d'olive.

beignets de crabe

pour 4 personnes
225 g/8 oz de germes de soja
60 ml/4 cuillères à soupe d'huile d'arachide 100 g/4 oz de pousses de bambou coupées en lanières

1 oignon haché
225 g de chair de crabe émiettée
4 œufs légèrement battus
15 ml / 1 cuillère à soupe de fécule de maïs (farine de maïs)
30 ml/2 cuillères à soupe de sauce soja
sel et poivre fraîchement moulu

Blanchir les germes de soja dans l'eau bouillante pendant 4 minutes, puis égoutter. Faites chauffer la moitié de l'huile et faites revenir les germes de soja, les pousses de bambou et l'oignon jusqu'à ce qu'ils soient tendres. Retirer du feu et mélanger le reste des ingrédients, sauf l'huile d'olive. Faites chauffer le reste de l'huile dans une poêle propre et faites revenir des cuillerées du mélange de chair de crabe pour faire les cupcakes. Faire frire jusqu'à ce qu'ils soient dorés des deux côtés et servir immédiatement.

crème de crabe

pour 4 personnes
225 g de chair de crabe
5 oeufs battus

1 ciboulette (ciboulette) finement hachée
250 ml/8 oz/1 tasse d'eau
5 ml/1 cuillère à café de sel
5 ml/1 cuillère à café d'huile de sésame

Mélangez bien tous les ingrédients. Placer dans un bol, couvrir et placer au bain-marie dans l'eau chaude ou sur un grill vapeur. Cuire à la vapeur pendant environ 35 minutes jusqu'à consistance crémeuse, en remuant de temps en temps. Servir avec du riz.

Chair de crabe aux feuilles chinoises

pour 4 personnes
450 g de feuilles chinoises hachées
45 ml/3 cuillères à soupe d'huile végétale
2 ciboulette (ciboulette), hachée

225 g de chair de crabe
15 ml/1 cuillère à soupe de sauce soja
15 ml / 1 cuillère à soupe de vin de riz ou de xérès sec
5 ml/1 cuillère à café de sel

Blanchir les feuilles de chinois dans l'eau bouillante pendant 2 minutes, bien égoutter et rincer à l'eau froide. Faites chauffer l'huile et faites revenir la ciboulette jusqu'à ce qu'elle soit légèrement dorée. Ajouter la chair de crabe et faire revenir 2 minutes. Ajouter les feuilles de chinois et faire revenir 4 minutes. Ajouter la sauce soja, le vin ou le xérès et le sel et bien mélanger. Ajouter le bouillon et la fécule de maïs, porter à ébullition et cuire en remuant pendant 2 minutes, jusqu'à ce que la sauce s'éclaircisse et épaississe.

Crabe Foo Yung aux germes de soja

pour 4 personnes

6 oeufs battus
45 ml / 3 cuillères à soupe de farine de maïs (amidon de maïs)

225 g de chair de crabe

Germes de soja 100g / 4oz

2 oignons nouveaux (ciboulette), finement hachés

2,5 ml/¬Ω cc de sel

45 ml/3 cuillères à soupe d'huile d'arachide

Battez les œufs puis ajoutez la fécule de maïs. Mélangez le reste des ingrédients, sauf l'huile d'olive. Faites chauffer l'huile et versez progressivement le mélange dans la poêle pour former des crêpes d'environ 3 pouces de diamètre. Faites frire jusqu'à ce que le fond soit doré, puis retournez et faites dorer l'autre côté.

crabe au gingembre

pour 4 personnes

15 ml / 1 cuillère à soupe d'huile d'arachide

2 tranches de racine de gingembre hachée

4 oignons verts (ciboulette), hachés

3 gousses d'ail écrasées

1 poivron rouge haché

350 g de chair de crabe émiettée

2,5 ml/½ cc de pâte de poisson

2,5 ml/½ c. huile de sésame

15 ml / 1 cuillère à soupe de vin de riz ou de xérès sec

5 ml/1 cuillère à café de fécule de maïs (amidon de maïs)

15 ml/1 cuillère à soupe d'eau

Faites chauffer l'huile et faites revenir le gingembre, l'oignon, l'ail et le poivre pendant 2 minutes. Ajouter la chair de crabe et remuer jusqu'à ce qu'elle soit bien enrobée d'assaisonnement. Ajoutez la pâte de poisson. Mélangez le reste des ingrédients jusqu'à ce qu'une pâte se forme, ajoutez-les à la poêle et faites revenir pendant 1 minute. Sers immédiatement.

Lo Mein au crabe

pour 4 personnes

Germes de soja 100g / 4oz

30 ml/2 cuillères à soupe d'huile d'arachide

5 ml/1 cuillère à café de sel

1 oignon émincé
100 g/4 oz de champignons, tranchés
225 g de chair de crabe émiettée
100 g de pousses de bambou coupées en tranches
Nouilles frites
30 ml/2 cuillères à soupe de sauce soja
5 ml/1 cuillère à café de sucre
5 ml/1 cuillère à café d'huile de sésame
sel et poivre fraîchement moulu

Blanchissez les germes de soja dans l'eau bouillante pendant 5 minutes, puis égouttez-les. Faites chauffer l'huile et faites revenir le sel et l'oignon jusqu'à ce qu'ils soient tendres. Ajouter les champignons et faire revenir jusqu'à ce qu'ils soient tendres. Ajouter la chair de crabe et faire revenir 2 minutes. Ajoutez les germes de soja et les pousses de bambou et faites revenir 1 minute. Ajoutez les pâtes égouttées dans la poêle et mélangez délicatement. Mélanger la sauce soja, le sucre et l'huile de sésame et assaisonner de sel et de poivre. Incorporer la poêle jusqu'à ce qu'elle soit bien chaude.

Crabe frit au porc

pour 4 personnes
30 ml/2 cuillères à soupe d'huile d'arachide

100 g de porc haché (haché)

350 g de chair de crabe émiettée

2 tranches de racine de gingembre hachée

2 œufs légèrement battus

15 ml/1 cuillère à soupe de sauce soja

15 ml / 1 cuillère à soupe de vin de riz ou de xérès sec

30 ml/2 cuillères à soupe d'eau

sel et poivre fraîchement moulu

4 oignons nouveaux (ciboulette), coupés en lanières

Faites chauffer l'huile et faites dorer le porc jusqu'à ce qu'il soit légèrement doré. Ajouter la chair de crabe et le gingembre et faire sauter pendant 1 minute. Ajoutez les œufs. Ajouter la sauce soja, le vin ou le xérès, l'eau, le sel et le poivre et cuire en remuant pendant environ 4 minutes. Servir garni de ciboulette.

chair de crabe frite

pour 4 personnes

30 ml/2 cuillères à soupe d'huile d'arachide

450 g de chair de crabe émiettée
2 ciboulette (ciboulette), hachée
2 tranches de racine de gingembre hachée
30 ml/2 cuillères à soupe de sauce soja
30 ml / 2 cuillères à soupe de vin de riz ou de xérès sec
2,5 ml/¬Ω cc de sel
15 ml / 1 cuillère à soupe de fécule de maïs (farine de maïs)
60 ml/4 cuillères à soupe d'eau

Faites chauffer l'huile et faites revenir la chair de crabe, la ciboulette et le gingembre pendant 1 minute. Ajoutez la sauce soja, le vin ou le xérès et le sel, couvrez et laissez cuire 3 minutes. Mélanger la fécule de maïs et l'eau pour obtenir une pâte, mélanger dans une casserole et cuire en remuant jusqu'à ce que la sauce s'éclaircisse et épaississe.

boulettes de seiche frites

pour 4 personnes

450 g de seiche

50 g de saindoux haché

1 blanc d'oeuf

2,5 ml/¬Ω c. sucre

2,5 ml/¬Ω cc de farine de maïs (amidon de maïs)

sel et poivre fraîchement moulu

huile de friture

Nettoyez les seiches et réduisez-les en purée ou en purée. Mélanger avec le saindoux, les blancs d'œufs, le sucre et la fécule de maïs et assaisonner de sel et de poivre. Pressez le mélange en boules. Faites chauffer l'huile et faites frire les boulettes de seiche, par lots si nécessaire, jusqu'à ce qu'elles remontent à la surface et soient dorées. Bien égoutter et servir immédiatement.

Homard cantonais

pour 4 personnes

2 homards

30 ml/2 cuillères à soupe d'huile

15 ml / 1 cuillère à soupe de sauce aux haricots noirs
1 gousse d'ail écrasée
1 oignon haché
225 g de porc haché (haché)
45 ml/3 cuillères à soupe de sauce soja
5 ml/1 cuillère à café de sucre
sel et poivre fraîchement moulu
15 ml / 1 cuillère à soupe de fécule de maïs (farine de maïs)
75 ml/5 cuillères à soupe d'eau
1 œuf battu

Ouvrez les homards, retirez la pulpe et coupez-les en cubes de 2,5 cm. Faites chauffer l'huile d'olive et faites revenir la sauce aux haricots noirs, l'ail et l'oignon jusqu'à ce qu'ils soient dorés. Ajouter le porc et faire revenir jusqu'à ce qu'il soit doré. Ajouter la sauce soja, le sucre, le sel, le poivre et le homard, couvrir et cuire environ 10 minutes. Mélangez la fécule de maïs et l'eau jusqu'à former une pâte, ajoutez-la dans la poêle et faites cuire en remuant jusqu'à ce que la sauce s'éclaircisse et épaississe. Éteignez le feu et ajoutez l'œuf avant de servir.

homard frit

pour 4 personnes
450 g de chair de homard

30 ml/2 cuillères à soupe de sauce soja

5 ml/1 cuillère à café de sucre

1 œuf battu

30 ml / 3 cuillères à soupe de farine de blé (tout usage)

huile de friture

Coupez la chair de homard en cubes de 2,5 cm et assaisonnez de sauce soja et de sucre. Laissez reposer 15 minutes puis égouttez. Ajouter l'œuf et la farine, ajouter le homard et bien mélanger. Faites chauffer l'huile et faites frire le homard jusqu'à ce qu'il soit doré. Égoutter sur du papier absorbant avant de servir.

Homard cuit à la vapeur et au jambon

pour 4 personnes

4 œufs légèrement battus

60 ml/4 cuillères à soupe d'eau

5 ml/1 cuillère à café de sel

15 ml/1 cuillère à soupe de sauce soja
450 g de chair de homard émiettée
15 ml / 1 cuillère à soupe de jambon haché
15 ml / 1 cuillère à soupe de persil frais haché

Battez les œufs avec l'eau, le sel et la sauce soja. Verser dans un bol résistant à la chaleur et parsemer de chair de homard. Placez le bol sur une grille dans un cuiseur vapeur, couvrez et laissez cuire 20 minutes jusqu'à ce que les œufs soient pris. Servir garni de jambon et de persil.

Homard aux Champignons

pour 4 personnes
450 g de chair de homard
15 ml / 1 cuillère à soupe de fécule de maïs (farine de maïs)
60 ml/4 cuillères à soupe d'eau
30 ml/2 cuillères à soupe d'huile d'arachide

4 oignons verts (ciboulette), coupés en tranches épaisses
100 g/4 oz de champignons, tranchés
2,5 ml/¬Ω cc de sel
1 gousse d'ail écrasée
30 ml/2 cuillères à soupe de sauce soja
15 ml / 1 cuillère à soupe de vin de riz ou de xérès sec

Coupez la chair du homard en cubes de 2,5 cm. Mélangez la semoule de maïs et l'eau pour obtenir une pâte et ajoutez les cubes de homard au mélange pour les enrober. Faites chauffer la moitié de l'huile d'olive et faites revenir les cubes de homard jusqu'à ce qu'ils soient légèrement dorés. Retirez-les de la poêle. Faites chauffer le reste de l'huile et faites revenir les oignons jusqu'à ce qu'ils soient légèrement dorés. Ajouter les champignons et faire revenir 3 minutes. Ajouter le sel, l'ail, la sauce soja et le vin ou le xérès et faire sauter pendant 2 minutes. Remettez le homard dans la poêle et faites-le revenir jusqu'à ce qu'il soit bien chaud.

queues de homard de porc

pour 4 personnes
3 champignons chinois séchés
4 queues de homard
60 ml / 4 cuillères à soupe d'huile d'arachide

100 g de porc haché (haché)
2 oz/50 g de châtaignes d'eau, hachées finement
sel et poivre fraîchement moulu
2 gousses d'ail écrasées
45 ml/3 cuillères à soupe de sauce soja
30 ml / 2 cuillères à soupe de vin de riz ou de xérès sec
30 ml / 2 cuillères à soupe de sauce aux haricots noirs
10 ml/2 cuillères à soupe de fécule de maïs (farine de maïs)
120 ml/4 fl oz/¬Ω tasse d'eau

Faites tremper les champignons dans l'eau tiède pendant 30 minutes puis égouttez-les. Jetez les tiges et coupez les extrémités. Coupez les queues de homard en deux dans le sens de la longueur. Retirez la chair des queues de homard en réservant les carapaces. Faites chauffer la moitié de l'huile d'olive et faites dorer le porc jusqu'à ce qu'il soit légèrement doré. Retirer du feu et ajouter les champignons, la chair de homard, les châtaignes d'eau, le sel et le poivre. Remettez la viande dans les carapaces de homard et placez-la sur une plaque à pâtisserie. Placer sur une grille dans un cuiseur vapeur, couvrir et cuire environ 20 minutes jusqu'à ce qu'il soit bien cuit. Pendant ce temps, faites chauffer le reste de l'huile d'olive et faites revenir l'ail, la sauce soja, le vin ou le xérès et la sauce aux haricots noirs pendant 2 minutes. Mélangez la fécule de maïs et l'eau jusqu'à former une pâte, ajoutez-la dans la poêle et faites cuire en remuant jusqu'à ce que la sauce épaississe.

homard frit

pour 4 personnes

450 g de queues de homard

30 ml/2 cuillères à soupe d'huile d'arachide

1 gousse d'ail écrasée

2,5 ml/¬Ω cc de sel

350 g de germes de soja

50 g de champignons de Paris

4 oignons verts (ciboulette), coupés en tranches épaisses

150 ml/¬° pt/¬Ω généreuse tasse de bouillon de poulet

15 ml / 1 cuillère à soupe de fécule de maïs (farine de maïs)

Portez une casserole d'eau à ébullition, ajoutez les queues de homard et faites bouillir 1 minute. Égoutter, laisser refroidir, retirer la peau et couper en tranches épaisses. Faites chauffer l'huile d'olive avec l'ail et le sel et faites revenir jusqu'à ce que l'ail soit légèrement doré. Ajouter le homard et faire revenir 1 minute. Ajouter les germes de soja et les champignons et faire sauter pendant 1 minute. Ajoutez la ciboulette. Ajouter la majeure partie du bouillon, porter à ébullition, couvrir et cuire 3 minutes. Mélangez la fécule de maïs avec le reste du bouillon, versez dans la poêle et faites cuire en remuant jusqu'à ce que la sauce s'éclaircisse et épaississe.

nids de homard

pour 4 personnes

30 ml/2 cuillères à soupe d'huile d'arachide
5 ml/1 cuillère à café de sel
1 oignon, tranché finement
100 g/4 oz de champignons, tranchés
4 oz/100 g de pousses de bambou, tranchées 8 oz/225 g de chair de homard cuite
15 ml / 1 cuillère à soupe de vin de riz ou de xérès sec
120 ml/4 fl oz/¬Ω tasse de bouillon de poulet
pincée de poivre fraîchement moulu
10 ml/2 cuillères à café de fécule de maïs (farine de maïs)
15 ml/1 cuillère à soupe d'eau
4 paniers de tagliatelles

Faites chauffer l'huile et faites revenir le sel et l'oignon jusqu'à ce qu'ils soient tendres. Ajoutez les champignons et les pousses de bambou et faites revenir 2 minutes. Ajouter la chair de homard, le vin ou le xérès et le bouillon, porter à ébullition, couvrir et cuire 2 minutes. Assaisonner de poivre. Fouetter la fécule de maïs et l'eau jusqu'à ce qu'elle forme une pâte, incorporer dans la poêle et cuire en remuant jusqu'à ce que la sauce épaississe.

Disposez les nids de nouilles sur une assiette chauffée et garnissez de homard sauté.

Moules à la sauce aux haricots noirs

pour 4 personnes

45 ml/3 cuillères à soupe d'huile d'arachide
2 gousses d'ail écrasées
2 tranches de racine de gingembre hachée
30 ml / 2 cuillères à soupe de sauce aux haricots noirs
15 ml/1 cuillère à soupe de sauce soja
1,5 kg de moules lavées et grillées
2 ciboulette (ciboulette), hachée

Faites chauffer l'huile et faites revenir l'ail et le gingembre pendant 30 secondes. Ajouter la sauce aux haricots noirs et la sauce soja et faire sauter pendant 10 secondes. Ajouter les moules, couvrir et cuire environ 6 minutes jusqu'à ce que les moules s'ouvrent. Jetez ceux qui restent fermés. Transférer sur une assiette chaude et servir parsemé de ciboulette.

moules au gingembre

pour 4 personnes

45 ml/3 cuillères à soupe d'huile d'arachide

2 gousses d'ail écrasées

4 tranches de racine de gingembre hachée

1,5 kg de moules lavées et grillées

45 ml / 3 cuillères à soupe d'eau

15 ml / 1 cuillère à soupe de sauce aux huîtres

Faites chauffer l'huile et faites revenir l'ail et le gingembre pendant 30 secondes. Ajouter les moules et l'eau, couvrir et cuire environ 6 minutes jusqu'à ce que les moules soient ouvertes. Jetez ceux qui restent fermés. Transférer dans une assiette chaude et servir arrosé de sauce aux huîtres.

moules cuites

pour 4 personnes

1,5 kg de moules lavées et grillées
45 ml/3 cuillères à soupe de sauce soja
3 ciboulette (ciboulette), finement hachée

Disposez les moules sur une grille dans un cuiseur vapeur, couvrez et faites cuire dans l'eau bouillante pendant environ 10 minutes jusqu'à ce que toutes les moules soient ouvertes. Jetez ceux qui restent fermés. Transférer sur une assiette chaude et servir saupoudré de sauce soja et de ciboulette.

huîtres frites

pour 4 personnes

24 huîtres décortiquées
sel et poivre fraîchement moulu
1 œuf battu
50 g/2 oz/¬Ω tasse de farine nature (tout usage)
250 ml/8 oz/1 tasse d'eau
huile de friture
4 oignons verts (ciboulette), hachés

Saupoudrer les huîtres de sel et de poivre. Battez l'œuf avec la farine et l'eau jusqu'à obtenir une pâte et utilisez-la pour recouvrir les huîtres. Faites chauffer l'huile et faites frire les huîtres jusqu'à ce qu'elles soient dorées. Égoutter sur du papier absorbant et servir garni de ciboulette.

huîtres au bacon

pour 4 personnes

175 g de bacon

24 huîtres décortiquées

1 oeuf légèrement battu

15 ml/1 cuillère à soupe d'eau

45 ml/3 cuillères à soupe d'huile d'arachide

2 oignons hachés

15 ml / 1 cuillère à soupe de fécule de maïs (farine de maïs)

15 ml/1 cuillère à soupe de sauce soja

90 ml/6 cuillères à soupe de bouillon de poulet

Coupez le bacon en petits morceaux et enroulez un morceau autour de chaque huître. Battez l'œuf avec l'eau et plongez-le dans les huîtres pour les enrober. Faites chauffer la moitié de l'huile et faites frire les huîtres jusqu'à ce qu'elles soient légèrement dorées des deux côtés, retirez-les de la poêle et égouttez la graisse. Faites chauffer le reste de l'huile et faites revenir l'oignon jusqu'à ce qu'il soit tendre. Mélanger la fécule de maïs, la sauce soja et le bouillon jusqu'à obtenir une pâte, verser dans la poêle et cuire en remuant jusqu'à ce que la sauce s'éclaircisse et épaississe. Versez sur les huîtres et servez aussitôt.

Huîtres frites au gingembre

pour 4 personnes

24 huîtres décortiquées
2 tranches de racine de gingembre hachée
30 ml/2 cuillères à soupe de sauce soja
15 ml / 1 cuillère à soupe de vin de riz ou de xérès sec
4 oignons nouveaux (ciboulette), coupés en lanières
100 g de bacon
1 oeuf
50 g/2 oz/¬Ω tasse de farine nature (tout usage)
sel et poivre fraîchement moulu
huile de friture
1 citron coupé en tranches

Placer les huîtres dans un bol avec le gingembre, la sauce soja et le vin ou le xérès et bien mélanger. Laissez reposer 30 minutes. Déposez quelques lamelles de ciboulette sur chaque huître. Coupez le bacon en petits morceaux et enroulez un morceau autour de chaque huître. Battre l'œuf et la farine jusqu'à obtenir une pâte et assaisonner de sel et de poivre. Tremper les huîtres dans la pâte jusqu'à ce qu'elles soient bien enrobées. Faites chauffer l'huile et faites frire les huîtres jusqu'à ce qu'elles soient dorées. Servir garni de tranches de citron.

Huîtres à la sauce aux haricots noirs

pour 4 personnes
Huîtres décortiquées 350g / 12oz
120 ml/4 fl oz/¬Ω tasse d'huile d'arachide
2 gousses d'ail écrasées
3 oignons verts (oignons verts), tranchés
15 ml / 1 cuillère à soupe de sauce aux haricots noirs
30 ml/2 cuillères à soupe de sauce soja noire
15 ml/1 cuillère à soupe d'huile de sésame
pincée de poudre de chili

Blanchissez les huîtres dans l'eau bouillante pendant 30 secondes, puis égouttez-les. Faites chauffer l'huile d'olive et faites revenir l'ail et la ciboulette pendant 30 secondes. Ajouter la sauce aux haricots noirs, la sauce soja, le sésame et l'huile d'huître et assaisonner au goût avec de la poudre de chili. Faire sauter jusqu'à ce qu'il soit bien chaud et servir immédiatement.

Coquilles Saint-Jacques aux pousses de bambou

pour 4 personnes

60 ml / 4 cuillères à soupe d'huile d'arachide
6 ciboulette (ciboulette), hachée
8 oz/225 g de champignons, coupés en quartiers
15 ml/1 cuillère à soupe de sucre
450 g de Saint-Jacques décortiquées
2 tranches de racine de gingembre hachée
8 oz/225 g de pousses de bambou, tranchées
sel et poivre fraîchement moulu
300 ml/¬Ω pt/1¬° tasse d'eau
30 ml/2 cuillères à soupe de vinaigre de vin
30 ml / 2 cuillères à soupe de fécule de maïs (farine de maïs)
150 ml/¬° pt/¬Ω un généreux verre d'eau
45 ml/3 cuillères à soupe de sauce soja

Faites chauffer l'huile et faites revenir les oignons et les champignons pendant 2 minutes. Ajoutez le sucre, les Saint-Jacques, le gingembre, les pousses de bambou, salez et poivrez, couvrez et laissez cuire 5 minutes. Ajoutez l'eau et le vinaigre de vin, portez à ébullition, couvrez et laissez cuire 5 minutes. Mélangez la semoule de maïs et l'eau jusqu'à obtenir une pâte, mélangez dans une casserole et faites cuire en remuant jusqu'à ce que la sauce épaississe. Assaisonner de sauce soja et servir.

pétoncles à l'oeuf

pour 4 personnes

45 ml/3 cuillères à soupe d'huile d'arachide
350 g de Saint-Jacques décortiquées
25 g de jambon fumé haché
30 ml / 2 cuillères à soupe de vin de riz ou de xérès sec
5 ml/1 cuillère à café de sucre
2,5 ml/¬Ω cc de sel
pincée de poivre fraîchement moulu
2 œufs légèrement battus
15 ml/1 cuillère à soupe de sauce soja

Faites chauffer l'huile d'olive et faites revenir les Saint-Jacques pendant 30 secondes. Ajouter le jambon et faire revenir 1 minute. Ajoutez le vin ou le xérès, le sucre, le sel et le poivre et faites sauter pendant 1 minute. Ajouter les œufs et mélanger délicatement à feu vif jusqu'à ce que les ingrédients soient bien incorporés à l'œuf. Servir arrosé de sauce soja.

pétoncles au brocoli

pour 4 personnes

350 g de coquilles Saint-Jacques tranchées

3 tranches de racine de gingembre hachée

¬Ω petites carottes tranchées

1 gousse d'ail écrasée

45 ml / 3 cuillères à soupe de farine de blé (tout usage)

2,5 ml/¬Ω c. bicarbonate de sodium (bicarbonate de sodium)

30 ml/2 cuillères à soupe d'huile d'arachide

15 ml/1 cuillère à soupe d'eau

1 banane tranchée

huile de friture

275 g de brocoli

sel

5 ml/1 cuillère à café d'huile de sésame

2,5 ml/¬Ω cuillère à café de sauce chili

2,5 ml/¬Ω cc de vinaigre de vin

2,5 ml/¬Ω cc de purée de tomates (pâte)

Mélangez les Saint-Jacques avec le gingembre, la carotte et l'ail et laissez reposer. Mélangez la farine, le bicarbonate de soude, 15 ml/1 cuillère à soupe d'huile et l'eau pour obtenir une pâte et utilisez-la pour enrober les tranches de banane. Faites chauffer l'huile d'olive et faites frire la banane jusqu'à ce qu'elle soit dorée, puis égouttez-la et disposez-la sur une assiette chaude. Pendant ce temps, faites bouillir le brocoli dans de l'eau bouillante salée jusqu'à ce qu'il soit tendre, puis égouttez-le. Faites chauffer le reste de l'huile d'olive avec l'huile de sésame, faites revenir brièvement le brocoli et disposez-le sur l'assiette avec les bananes. Ajouter la sauce au poivre, le vinaigre de vin et la purée de tomates dans la poêle et faire revenir les pétoncles jusqu'à ce qu'ils soient tendres. ils sont fraîchement cuisinés. Verser dans une assiette et servir immédiatement.

pétoncles au gingembre

pour 4 personnes

45 ml/3 cuillères à soupe d'huile d'arachide
2,5 ml/¬Ω cc de sel
3 tranches de racine de gingembre hachée
2 oignons nouveaux (ciboulette), coupés en tranches épaisses
450 g de Saint-Jacques décortiquées, coupées en deux
15 ml / 1 cuillère à soupe de fécule de maïs (farine de maïs)
60 ml/4 cuillères à soupe d'eau

Faites chauffer l'huile d'olive et faites revenir le sel et le gingembre pendant 30 secondes. Ajouter les échalotes et faire revenir jusqu'à ce qu'elles soient légèrement dorées. Ajouter les pétoncles et faire revenir 3 minutes. Mélangez la semoule de maïs et l'eau jusqu'à obtenir une pâte, ajoutez-la à la poêle et faites cuire en remuant jusqu'à ce qu'elle épaississe. Sers immédiatement.

pétoncles au jambon

pour 4 personnes

450 g de Saint-Jacques décortiquées, coupées en deux
8 fl oz/1 tasse de vin de riz ou de xérès sec
1 oignon haché
2 tranches de racine de gingembre hachée
2,5 ml/¬Ω cc de sel
100 g de jambon fumé haché

Placez les pétoncles dans un bol et ajoutez le vin ou le xérès. Couvrir et laisser mariner 30 minutes en les retournant de temps en temps, puis égoutter les pétoncles et jeter la marinade. Disposez les Saint-Jacques dans un plat allant au four avec les autres ingrédients. Placer le plat sur une grille dans le cuiseur vapeur, couvrir et cuire dans l'eau bouillante pendant environ 6 minutes jusqu'à ce que les pétoncles soient tendres.

Coquilles Saint-Jacques mélangées aux herbes

pour 4 personnes

225 g de pétoncles décortiqués
30 ml / 2 cuillères à soupe de coriandre fraîche hachée
4 oeufs battus
15 ml / 1 cuillère à soupe de vin de riz ou de xérès sec
sel et poivre fraîchement moulu
15 ml / 1 cuillère à soupe d'huile d'arachide

Placer les Saint-Jacques dans un cuiseur vapeur et cuire environ 3 minutes jusqu'à ce qu'elles soient bien cuites, selon leur taille. Retirer de la vapeur et saupoudrer de coriandre. Battez les œufs avec le vin ou le xérès et assaisonnez au goût avec du sel et du poivre. Ajoutez les pétoncles et la coriandre. Faites chauffer l'huile d'olive et faites frire le mélange d'œufs et de pétoncles, en remuant constamment, jusqu'à ce que les œufs soient pris. Sers immédiatement.

Saint-Jacques sautées et oignons

pour 4 personnes

45 ml/3 cuillères à soupe d'huile d'arachide
1 oignon émincé
450 g de Saint-Jacques décortiquées, coupées en quartiers
sel et poivre fraîchement moulu
15 ml / 1 cuillère à soupe de vin de riz ou de xérès sec

Faites chauffer l'huile et faites revenir l'oignon jusqu'à ce qu'il soit tendre. Ajouter les pétoncles et faire revenir jusqu'à ce qu'ils soient légèrement dorés. Assaisonner de sel et de poivre, verser sur du vin ou du xérès et servir immédiatement.

pétoncles aux légumes

Pour 4 à 6

4 champignons chinois séchés
2 oignons
30 ml/2 cuillères à soupe d'huile d'arachide
3 branches de céleri, coupées en diagonale
8 oz/225 g de haricots verts, coupés en diagonale
10 ml/2 cuillères à café de racine de gingembre râpée
1 gousse d'ail écrasée
20 ml/4 cuillères à café de fécule de maïs (farine de maïs)
250 ml / 8 oz / 1 tasse de bouillon de poulet
30 ml / 2 cuillères à soupe de vin de riz ou de xérès sec
30 ml/2 cuillères à soupe de sauce soja
450 g de Saint-Jacques décortiquées, coupées en quartiers
6 oignons verts (oignons verts), tranchés
425 g/15 oz de maïs miniature en conserve

Faites tremper les champignons dans l'eau tiède pendant 30 minutes puis égouttez-les. Jetez les tiges et coupez les extrémités. Coupez les oignons en tranches et séparez les couches. Faites chauffer l'huile et faites revenir l'oignon, le céleri, les haricots, le gingembre et l'ail pendant 3 minutes. Mélangez la fécule de maïs avec un peu de bouillon et ajoutez le reste du bouillon, le vin ou le xérès et la sauce soja. Ajouter au wok et porter à ébullition en remuant. Ajouter les champignons, les pétoncles, les oignons nouveaux et le maïs et faire revenir environ 5 minutes jusqu'à ce que les pétoncles soient tendres.

Pétoncles aux Poivrons

pour 4 personnes
30 ml/2 cuillères à soupe d'huile d'arachide
3 ciboulette (ciboulette), hachée
1 gousse d'ail écrasée
2 tranches de racine de gingembre hachée
2 poivrons rouges coupés en cubes
450 g de Saint-Jacques décortiquées
30 ml / 2 cuillères à soupe de vin de riz ou de xérès sec
15 ml/1 cuillère à soupe de sauce soja
15 ml / 1 cuillère à soupe de sauce aux haricots jaunes

5 ml/1 cuillère à café de sucre

5 ml/1 cuillère à café d'huile de sésame

Faites chauffer l'huile et faites revenir la ciboulette, l'ail et le gingembre pendant 30 secondes. Ajouter les poivrons et faire revenir 1 minute. Ajouter les pétoncles et faire sauter pendant 30 secondes, puis ajouter le reste des ingrédients et cuire environ 3 minutes jusqu'à ce que les pétoncles soient tendres.

Crevettes aux germes de soja

pour 4 personnes

450 g de calamar

30 ml/2 cuillères à soupe d'huile d'arachide

15 ml / 1 cuillère à soupe de vin de riz ou de xérès sec

Germes de soja 100g / 4oz

15 ml/1 cuillère à soupe de sauce soja

sel

1 poivron rouge râpé

2 tranches de racine de gingembre râpée

2 ciboulette (ciboulette), hachée

Retirez la tête, le boyau et la membrane des calamars et coupez-les en gros morceaux. Découpez un motif de grille dans chaque morceau. Portez une casserole d'eau à ébullition, ajoutez les calamars et faites cuire jusqu'à ce que les morceaux s'enroulent, puis retirez-les et égouttez-les. Faites chauffer la moitié de l'huile d'olive et faites revenir rapidement les calamars. Assaisonner avec du vin ou du xérès. Pendant ce temps, faites chauffer le reste de l'huile et faites revenir les germes de soja jusqu'à ce qu'ils soient tendres. Assaisonner avec de la sauce soja et du sel. Disposez le poivron, le gingembre et les oignons nouveaux sur une assiette de service. Placez les germes de soja au centre et ajoutez les calamars. Sers immédiatement.

Calamar frit

pour 4 personnes

2 oz/50 g de farine nature (tout usage)
25 g/1 oz/¬° tasse de farine de maïs (amidon de maïs)

2,5 ml/¬Ω c. levure chimique

2,5 ml/¬Ω cc de sel

1 oeuf

75 ml/5 cuillères à soupe d'eau

15 ml / 1 cuillère à soupe d'huile d'arachide

450g/1lb de calamar tranché

huile de friture

Battre la farine, la fécule de maïs, la levure, le sel, l'œuf, l'eau et l'huile jusqu'à formation d'une pâte. Trempez les calamars dans la pâte jusqu'à ce qu'ils soient bien enrobés. Faites chauffer l'huile et faites frire les calamars, quelques morceaux à la fois, jusqu'à ce qu'ils soient dorés. Égoutter sur du papier absorbant avant de servir.

Paquets de calmars

pour 4 personnes

8 champignons chinois séchés

450 g de calamar

Jambon Fumé 100g/4oz

100 g de tofu

1 œuf battu

15 ml / 1 cuillère à soupe de farine de blé (tout usage)

2,5 ml/½ c. sucre

2,5 ml/½ c. huile de sésame

sel et poivre fraîchement moulu

8 peaux de wonton

huile de friture

Faites tremper les champignons dans l'eau tiède pendant 30 minutes puis égouttez-les. Jetez les tiges. Épluchez les calamars et coupez-les en 8 morceaux. Coupez le jambon et le tofu en 8 morceaux. Mettez-les tous dans un bol. Mélangez l'œuf avec la farine, le sucre, l'huile de sésame, le sel et le poivre. Versez les ingrédients dans le bol et mélangez délicatement. Disposez un chapeau de champignon et un morceau de calamar, de jambon et de tofu juste en dessous du centre de chaque coquille de wonton. Pliez le coin inférieur, pliez les côtés et roulez en mouillant les bords avec de l'eau pour sceller. Faites chauffer l'huile et faites frire les papillotes pendant environ 8 minutes jusqu'à ce qu'elles soient dorées. Bien égoutter avant de servir.

rouleaux de calamars frits

pour 4 personnes

45 ml/3 cuillères à soupe d'huile d'arachide

Anneaux de calamar 225g/8oz

1 gros poivron vert, coupé en morceaux

100 g de pousses de bambou coupées en tranches

2 oignons nouveaux (ciboulette), finement hachés

1 tranche de racine de gingembre, hachée finement

45 ml/2 cuillères à soupe de sauce soja

30 ml / 2 cuillères à soupe de vin de riz ou de xérès sec

15 ml / 1 cuillère à soupe de fécule de maïs (farine de maïs)

15 ml / 1 cuillère à soupe de bouillon de poisson ou d'eau

5 ml/1 cuillère à café de sucre

5 ml/1 cuillère à café de vinaigre de vin

5 ml/1 cuillère à café d'huile de sésame

sel et poivre fraîchement moulu

Faites chauffer 15 ml/1 cuillère à soupe d'huile et faites revenir rapidement les rondelles de calamar jusqu'à ce qu'elles soient fermes. Pendant ce temps, faites chauffer le reste de l'huile dans une poêle à part et faites revenir les poivrons, les pousses de bambou, les oignons nouveaux et le gingembre pendant 2 minutes. Ajouter les calamars et faire revenir pendant 1 minute. Mélangez la sauce soja, le vin ou le xérès, la fécule de maïs, le bouillon, le sucre, le vinaigre de vin et l'huile de sésame et assaisonnez de sel et de poivre. Faire revenir jusqu'à ce que la sauce s'éclaircisse et épaississe.

Calamar frit

pour 4 personnes

45 ml/3 cuillères à soupe d'huile d'arachide
3 oignons nouveaux (oignons verts), coupés en tranches épaisses
2 tranches de racine de gingembre hachée
450 g de calamars coupés en morceaux

15 ml/1 cuillère à soupe de sauce soja
15 ml / 1 cuillère à soupe de vin de riz ou de xérès sec
5 ml/1 cuillère à café de fécule de maïs (amidon de maïs)
15 ml/1 cuillère à soupe d'eau

Faites chauffer l'huile et faites revenir l'oignon nouveau et le gingembre jusqu'à ce qu'ils soient tendres. Ajouter les calamars et faire revenir jusqu'à ce qu'ils soient recouverts d'huile. Ajouter la sauce soja et le vin ou le xérès, couvrir et cuire 2 minutes. Mélangez la semoule de maïs avec l'eau jusqu'à former une pâte, ajoutez-la dans la poêle et faites cuire en remuant jusqu'à ce que la sauce épaississe et que les calamars soient tendres.

Crevettes aux champignons séchés

pour 4 personnes

50 g de champignons chinois séchés
Anneaux de calamar 450g/1lb
45 ml/3 cuillères à soupe d'huile d'arachide
45 ml/3 cuillères à soupe de sauce soja
2 oignons nouveaux (ciboulette), finement hachés
1 tranche de racine de gingembre hachée
8 oz/225 g de pousses de bambou, coupées en lanières
30 ml / 2 cuillères à soupe de fécule de maïs (farine de maïs)
150 ml/¬º pt/¬Ω généreuse tasse de bouillon de poisson

Faites tremper les champignons dans l'eau tiède pendant 30 minutes puis égouttez-les. Jetez les tiges et coupez les extrémités. Blanchir les tranches de calamar quelques secondes dans l'eau bouillante. Faites chauffer l'huile, ajoutez les champignons, la sauce soja, la ciboulette et le gingembre et faites revenir 2 minutes. Ajoutez les calamars et les pousses de bambou et faites revenir 2 minutes. Mélangez la fécule de maïs et le bouillon et mélangez dans la poêle. Cuire en remuant jusqu'à ce que la sauce s'éclaircisse et épaississe.

calamar aux légumes

pour 4 personnes
45 ml/3 cuillères à soupe d'huile d'arachide
1 oignon émincé
5 ml/1 cuillère à café de sel
450 g de calamars coupés en morceaux
100 g de pousses de bambou coupées en tranches
2 branches de céleri, coupées en diagonale
60 ml/4 cuillères à soupe de bouillon de poulet
5 ml/1 cuillère à café de sucre

100 g de petits pois

5 ml / 1 cuillère à café de fécule de maïs (amidon de maïs)

15 ml/1 cuillère à soupe d'eau

Faites chauffer l'huile et faites revenir l'oignon et le sel jusqu'à ce qu'ils soient légèrement dorés. Ajouter les calamars et faire revenir jusqu'à ce qu'ils soient recouverts d'huile. Ajoutez les pousses de bambou et le céleri et faites revenir 3 minutes. Ajoutez le bouillon et le sucre, portez à ébullition, couvrez et laissez cuire 3 minutes jusqu'à ce que les légumes soient tendres. Entrez dans le rein. Fouetter la fécule de maïs et l'eau jusqu'à ce qu'elle forme une pâte, incorporer dans la poêle et cuire en remuant jusqu'à ce que la sauce épaississe.

Rôti de Boeuf à l'Anis

pour 4 personnes

30 ml/2 cuillères à soupe d'huile d'arachide

Steak de manioc 450g/1lb

1 gousse d'ail écrasée

45 ml/3 cuillères à soupe de sauce soja

15 ml/1 cuillère à soupe d'eau

15 ml / 1 cuillère à soupe de vin de riz ou de xérès sec

5 ml/1 cuillère à café de sel

5 ml/1 cuillère à café de sucre

2 gousses d'anis étoilé

Faites chauffer l'huile et faites frire la viande jusqu'à ce qu'elle soit dorée de tous les côtés. Ajoutez le reste des ingrédients, portez à ébullition, couvrez et laissez cuire environ 45 minutes, puis retournez la viande en ajoutant un peu d'eau et de sauce soja si la viande est sèche. Cuire encore 45 minutes jusqu'à ce que la viande soit tendre. Déballez l'anis étoilé avant de servir.

viande aux asperges

pour 4 personnes
450 g de croupe en dés
30 ml/2 cuillères à soupe de sauce soja
30 ml / 2 cuillères à soupe de vin de riz ou de xérès sec
45 ml / 3 cuillères à soupe de farine de maïs (amidon de maïs)
45 ml/3 cuillères à soupe d'huile d'arachide
5 ml/1 cuillère à café de sel
1 gousse d'ail écrasée
350 g de pointes d'asperges

120 ml/4 fl oz/½ tasse de bouillon de poulet
15 ml/1 cuillère à soupe de sauce soja

Placez le steak dans un bol. Mélangez la sauce soja, le vin ou le xérès et 2 cuillères à soupe/30 ml de fécule de maïs, versez sur le steak et mélangez bien. Laissez mariner 30 minutes. Faites chauffer l'huile d'olive avec le sel et l'ail et faites revenir jusqu'à ce que l'ail soit légèrement doré. Ajoutez la viande et la marinade et laissez dorer 4 minutes. Ajouter les asperges et faire revenir doucement pendant 2 minutes. Ajouter le bouillon et la sauce soja, porter à ébullition et cuire en remuant pendant 3 minutes jusqu'à ce que la viande soit bien cuite. Mélangez le reste de la semoule de maïs avec un peu plus d'eau ou de bouillon et ajoutez-la à la sauce. Cuire en remuant pendant quelques minutes jusqu'à ce que la sauce s'éclaircisse et épaississe.

Boeuf aux pousses de bambou

pour 4 personnes

45 ml/3 cuillères à soupe d'huile d'arachide
1 gousse d'ail écrasée
1 échalote (oignon vert), hachée
1 tranche de racine de gingembre hachée
225 g de viande maigre, coupée en lanières
100 g de pousses de bambou

45 ml/3 cuillères à soupe de sauce soja
15 ml / 1 cuillère à soupe de vin de riz ou de xérès sec
5 ml/1 cuillère à café de fécule de maïs (amidon de maïs)

Faites chauffer l'huile et faites revenir l'ail, la ciboulette et le gingembre jusqu'à ce qu'ils soient légèrement dorés. Ajouter la viande et faire revenir 4 minutes jusqu'à ce qu'elle soit légèrement dorée. Ajoutez les pousses de bambou et faites revenir 3 minutes. Ajouter la sauce soja, le vin ou le xérès et la fécule de maïs et faire sauter pendant 4 minutes.

Boeuf aux pousses de bambou et champignons

pour 4 personnes
225 g de viande maigre
45 ml/3 cuillères à soupe d'huile d'arachide
1 tranche de racine de gingembre hachée
100 g de pousses de bambou coupées en tranches
100 g/4 oz de champignons, tranchés
45 ml / 3 cuillères à soupe de vin de riz ou de xérès sec

5 ml/1 cuillère à café de sucre
10 ml/2 cuillères à café de sauce soja
sel et poivre
120 ml/4 fl oz/¬Ω tasse de bouillon de bœuf
15 ml / 1 cuillère à soupe de fécule de maïs (farine de maïs)
30 ml/2 cuillères à soupe d'eau

Coupez la viande en fines tranches à contre-courant. Faites chauffer l'huile et faites revenir le gingembre pendant quelques secondes. Ajouter la viande et faire revenir jusqu'à ce qu'elle soit dorée. Ajoutez les pousses de bambou et les champignons et faites revenir 1 minute. Ajoutez le vin ou le xérès, le sucre et la sauce soja et assaisonnez de sel et de poivre. Ajoutez le bouillon, portez à ébullition, couvrez et laissez cuire 3 minutes. Mélangez la fécule de maïs et l'eau, versez dans la poêle et faites cuire en remuant jusqu'à ce que la sauce épaississe.

Rôti de boeuf chinois

pour 4 personnes
45 ml/3 cuillères à soupe d'huile d'arachide
900 g / 2 lb de steak
1 échalote (oignon vert), tranchée
1 gousse d'ail émincée
1 tranche de racine de gingembre hachée

60 ml/4 cuillères à soupe de sauce soja
30 ml / 2 cuillères à soupe de vin de riz ou de xérès sec
5 ml/1 cuillère à café de sucre
5 ml/1 cuillère à café de sel
pincée de poivre
750 ml/1er point/3 tasses d'eau bouillante

Faites chauffer l'huile et faites dorer rapidement la viande de tous les côtés. Ajoutez l'oignon, l'ail, le gingembre, la sauce soja, le vin ou le xérès, le sucre, le sel et le poivre. Laissez bouillir en remuant. Ajouter l'eau bouillante, porter à ébullition en remuant, couvrir et cuire environ 2 heures jusqu'à ce que la viande soit tendre.

Boeuf aux germes de soja

pour 4 personnes
450 g de bœuf maigre, tranché
1 blanc d'oeuf
30 ml/2 cuillères à soupe d'huile d'arachide
15 ml / 1 cuillère à soupe de fécule de maïs (farine de maïs)
15 ml/1 cuillère à soupe de sauce soja

Germes de soja 100g / 4oz

25 g/1 oz de chou mariné haché

1 poivron rouge râpé

2 ciboulette (ciboulette), hachée

2 tranches de racine de gingembre râpée

sel

5 ml/1 cuillère à café de sauce aux huîtres

5 ml/1 cuillère à café d'huile de sésame

Mélangez la viande avec le blanc d'oeuf, la moitié de l'huile d'olive, la fécule de maïs et la sauce soja et laissez reposer 30 minutes. Blanchir les germes de soja dans l'eau bouillante pendant environ 8 minutes jusqu'à ce qu'ils soient presque tendres, puis égoutter. Faites chauffer le reste de l'huile et faites dorer la viande jusqu'à ce qu'elle soit légèrement dorée, puis retirez-la de la poêle. Ajouter le chou mariné, le poivre, le gingembre, le sel, la sauce d'huîtres et l'huile de sésame et faire revenir 2 minutes. Ajouter les germes de soja et faire revenir pendant 2 minutes. Remettez la viande dans la poêle et faites-la dorer jusqu'à ce qu'elle soit bien mélangée et bien chaude. Sers immédiatement.

Bœuf avec brocoli

pour 4 personnes

450g de croupe tranchée finement
30 ml / 2 cuillères à soupe de fécule de maïs (farine de maïs)
15 ml / 1 cuillère à soupe de vin de riz ou de xérès sec
15 ml/1 cuillère à soupe de sauce soja
30 ml/2 cuillères à soupe d'huile d'arachide
5 ml/1 cuillère à café de sel
1 gousse d'ail écrasée
8 oz/225 g de fleurons de brocoli
150 ml/¬° pt/¬Ω généreuse tasse de bouillon de viande

Placez le steak dans un bol. Mélangez 15 ml/1 cuillère à café de fécule de maïs avec le vin ou le xérès et la sauce soja, versez sur la viande et laissez mariner 30 minutes. Faites chauffer l'huile d'olive avec le sel et l'ail et faites revenir jusqu'à ce que l'ail soit légèrement doré. Ajouter le steak et la marinade et faire sauter pendant 4 minutes. Ajouter le brocoli et faire sauter pendant 3 minutes. Ajouter le bouillon, porter à ébullition, couvrir et cuire 5 minutes jusqu'à ce que le brocoli soit tendre mais toujours croquant. Mélangez le reste de fécule de maïs avec un peu d'eau et ajoutez-le à la sauce. Cuire en remuant jusqu'à ce que la sauce s'éclaircisse et épaississe.

Boeuf au Sésame et Brocoli

pour 4 personnes

150 g de bœuf maigre, coupé en fines tranches
2,5 ml/¬Ω cuillère à café de sauce aux huîtres
5 ml/1 cuillère à café de fécule de maïs (amidon de maïs)
5 ml/1 cuillère à café de vinaigre de vin blanc
60 ml / 4 cuillères à soupe d'huile d'arachide
100 g de fleurons de brocoli
5 ml/1 cuillère à café de sauce de poisson
2,5 ml/¬Ω cuillère à café de sauce soja
250 ml / 8 oz / 1 tasse de bouillon de bœuf
30 ml/2 cuillères à soupe de graines de sésame

Faites mariner la viande avec la sauce d'huîtres, 2,5 ml/¬Ω cuillère à café de fécule de maïs, 2,5 ml/¬Ω cuillère à café de vinaigre de vin et 15 ml/¬Ω cuillère à café d'huile par heure.

Pendant ce temps, faites chauffer 15 ml/1 cuillère à soupe d'huile, ajoutez le brocoli, 2,5 ml/¬Ω cuillère à café de sauce de poisson, la sauce soja et le reste du vinaigre de vin et couvrez d'eau bouillante. Cuire environ 10 minutes jusqu'à tendreté.

Faites chauffer 30 ml/2 cuillères à soupe d'huile dans une poêle séparée et faites revenir brièvement la viande jusqu'à ce qu'elle soit dorée. Ajouter le bouillon, le reste de fécule de maïs et la sauce de poisson, porter à ébullition, couvrir et cuire environ 10 minutes jusqu'à ce que la viande soit tendre. Égouttez le brocoli et disposez-le sur une assiette chaude. Ajouter la viande et saupoudrer généreusement de graines de sésame.

viande grillée

pour 4 personnes
450 g de bœuf maigre, tranché
60 ml/4 cuillères à soupe de sauce soja

2 gousses d'ail écrasées

5 ml/1 cuillère à café de sel

2,5 ml/¬Ω c. poivre fraîchement moulu

10 ml/2 cuillères à café de sucre

Mélangez tous les ingrédients et laissez mariner 3 heures. Griller ou griller (grill) sur un gril chaud pendant environ 5 minutes de chaque côté.

Viande cantonaise

pour 4 personnes

30 ml / 2 cuillères à soupe de fécule de maïs (farine de maïs)

2 blancs d'œufs battus

450 g de steak, coupé en lanières

huile de friture
4 branches de céleri tranchées
2 oignons émincés
60 ml/4 cuillères à soupe d'eau
20 ml/4 cuillères à café de sel
75 ml/5 cuillères à soupe de sauce soja
60 ml / 4 cuillères à soupe de vin de riz ou de xérès sec
30 ml/2 cuillères à soupe de sucre
poivre fraîchement moulu

Mélangez la moitié de la fécule de maïs avec les blancs d'œufs. Ajouter le steak et remuer pour bien enrober la viande de pâte. Faites chauffer l'huile et faites frire le steak jusqu'à ce qu'il soit doré. Retirer de la poêle et égoutter sur du papier absorbant. Faites chauffer 15 ml/1 cuillère à soupe d'huile et faites revenir le céleri et l'oignon pendant 3 minutes. Ajouter la viande, l'eau, le sel, la sauce soja, le vin ou le xérès et le sucre et assaisonner de poivre. Porter à ébullition et cuire en remuant jusqu'à ce que la sauce épaississe.

Viande aux carottes

pour 4 personnes
30 ml/2 cuillères à soupe d'huile d'arachide
450 g de bœuf maigre, coupé en cubes

2 oignons verts (oignons verts), tranchés

2 gousses d'ail écrasées

1 tranche de racine de gingembre hachée

250 ml/8 oz/1 tasse de sauce soja

30 ml / 2 cuillères à soupe de vin de riz ou de xérès sec

30 ml / 2 cuillères à soupe de cassonade

5 ml/1 cuillère à café de sel

Tasses d'eau 600 ml/1 pt/2 Ω

4 carottes coupées en diagonale

Faites chauffer l'huile et faites frire la viande jusqu'à ce qu'elle soit légèrement dorée. Égoutter l'excès d'huile, ajouter les oignons nouveaux, l'ail, le gingembre et le fenouil et faire revenir pendant 2 minutes. Ajouter la sauce soja, le vin ou le xérès, le sucre et le sel et bien mélanger. Ajouter l'eau, porter à ébullition, couvrir et cuire 1 heure. Ajoutez les carottes, couvrez et laissez cuire encore 30 minutes. Retirez le couvercle et laissez cuire jusqu'à ce que la sauce réduise.

Viande aux noix de cajou

pour 4 personnes

60 ml / 4 cuillères à soupe d'huile d'arachide

450g de croupe tranchée finement

8 oignons verts (ciboulette), coupés en morceaux

2 gousses d'ail écrasées
1 tranche de racine de gingembre hachée
75 g / 3 oz / ¬œ tasse de noix de cajou grillées
120 ml/4 fl oz/¬Ω tasse d'eau
20 ml/4 cuillères à café de fécule de maïs (farine de maïs)
20 ml/4 cuillères à café de sauce soja
5 ml/1 cuillère à café d'huile de sésame
5 ml/1 cuillère à café de sauce aux huîtres
Sauce au poivre 5 ml/1 cuillère à café

Faites chauffer la moitié de l'huile d'olive et faites dorer la viande jusqu'à ce qu'elle soit légèrement dorée. Retirer de la poêle. Faites chauffer le reste de l'huile d'olive et faites revenir la ciboulette, l'ail, le gingembre et les noix de cajou pendant 1 minute. Remettez la viande dans la poêle. Mélangez le reste des ingrédients et versez le mélange dans la poêle. Porter à ébullition et cuire en remuant jusqu'à ce que le mélange épaississe.

cocotte de viande lente

pour 4 personnes
30 ml/2 cuillères à soupe d'huile d'arachide
450 g de rôti de bœuf, coupé en cubes
3 tranches de racine de gingembre hachée
3 carottes tranchées

1 navet coupé en cubes
15 ml/1 cuillère à soupe de dattes dénoyautées
15 ml / 1 cuillère à soupe de graines de lotus
30 ml / 2 cuillères à soupe de purée de tomates (pâte)
10 ml/2 cuillères à soupe de sel
900 ml/1¬Ω points/3¬œ tasses de bouillon de bœuf
8 fl oz/1 tasse de vin de riz ou de xérès sec

Faites chauffer l'huile d'olive dans une grande cocotte ou une poêle allant au four et faites frire la viande jusqu'à ce qu'elle soit dorée de tous les côtés.

Boeuf au chou-fleur

pour 4 personnes
8 oz/225 g de fleurons de chou-fleur
huile de friture
225 g/8 oz de bœuf, coupé en lanières
50 g de pousses de bambou coupées en lamelles

10 châtaignes d'eau coupées en lanières
120 ml/4 fl oz/½ tasse de bouillon de poulet
15 ml/1 cuillère à soupe de sauce soja
15 ml / 1 cuillère à soupe de sauce aux huîtres
15 ml / 1 cuillère à soupe de purée de tomates (pâte)
15 ml / 1 cuillère à soupe de fécule de maïs (farine de maïs)
2,5 ml/½ c. huile de sésame

Faites cuire le chou-fleur 2 minutes dans l'eau bouillante et égouttez-le. Faites chauffer l'huile et faites frire le chou-fleur jusqu'à ce qu'il soit légèrement doré. Sortir du four et laisser égoutter sur du papier absorbant. Faites chauffer l'huile et faites frire la viande jusqu'à ce qu'elle soit légèrement dorée, retirez-la et égouttez-la. Versez tout sauf 15 ml/1 cuillère à soupe d'huile et faites revenir les pousses de bambou et les châtaignes pendant 2 minutes. Ajouter le reste des ingrédients, porter à ébullition et cuire en remuant jusqu'à ce que la sauce épaississe. Remettez la viande et le chou-fleur dans la poêle et faites chauffer doucement. Sers immédiatement.

Boeuf au céleri

pour 4 personnes
100 g de céleri coupé en lamelles
45 ml/3 cuillères à soupe d'huile d'arachide

2 ciboulette (ciboulette), hachée

1 tranche de racine de gingembre hachée

225 g de viande maigre, coupée en lanières

30 ml/2 cuillères à soupe de sauce soja

30 ml / 2 cuillères à soupe de vin de riz ou de xérès sec

2,5 ml/¬Ω c. sucre

2,5 ml/¬Ω cc de sel

Blanchir le céleri dans l'eau bouillante pendant 1 minute et bien l'égoutter. Faites chauffer l'huile et faites revenir la ciboulette et le gingembre jusqu'à ce qu'ils soient légèrement dorés. Ajouter la viande et faire revenir 4 minutes. Ajoutez le céleri et faites revenir 2 minutes. Ajouter la sauce soja, le vin ou le xérès, le sucre et le sel et faire sauter pendant 3 minutes.

Viande frite en tranches au céleri

pour 4 personnes

30 ml/2 cuillères à soupe d'huile d'arachide

450 g de bœuf maigre, coupé en lanières

3 branches de céleri râpées

1 oignon râpé

1 échalote (oignon vert), tranchée

1 tranche de racine de gingembre hachée

30 ml/2 cuillères à soupe de sauce soja

15 ml / 1 cuillère à soupe de vin de riz ou de xérès sec

2,5 ml/¬Ω c. sucre

2,5 ml/¬Ω cc de sel

10 ml/2 cuillères à café de fécule de maïs (farine de maïs)

30 ml/2 cuillères à soupe d'eau

Faites chauffer la moitié de l'huile jusqu'à ce qu'elle soit chaude et faites frire la viande pendant 1 minute jusqu'à ce qu'elle soit dorée. Retirer de la poêle. Faites chauffer le reste de l'huile et faites revenir le céleri, l'oignon, l'oignon et le gingembre jusqu'à ce qu'ils soient légèrement tendres. Remettez la viande dans la poêle avec la sauce soja, le vin ou le xérès, le sucre et le sel, portez à ébullition et faites dorer à feu vif. Mélangez la fécule de maïs et l'eau, versez dans la poêle et laissez cuire jusqu'à ce que la sauce épaississe. Sers immédiatement.

Viande effilochée au poulet et céleri

pour 4 personnes

4 champignons chinois séchés

45 ml/3 cuillères à soupe d'huile d'arachide

2 gousses d'ail écrasées

1 racine de gingembre, tranchée, hachée

5 ml/1 cuillère à café de sel

100 g de viande maigre, coupée en lanières

100 g de poulet coupé en lanières

2 carottes coupées en lanières

2 branches de céleri coupées en lanières

4 oignons nouveaux (ciboulette), coupés en lanières

5 ml/1 cuillère à café de sucre

5 ml/1 cuillère à café de sauce soja

5 ml/1 cuillère à café de vin de riz ou de xérès sec

45 ml / 3 cuillères à soupe d'eau

5 ml/1 cuillère à café de fécule de maïs (amidon de maïs)

Faites tremper les champignons dans l'eau tiède pendant 30 minutes puis égouttez-les. Jetez les tiges et coupez les extrémités. Faites chauffer l'huile et faites revenir l'ail, le gingembre et le sel jusqu'à ce qu'ils soient légèrement dorés. Ajoutez la viande et le poulet et faites revenir jusqu'à ce qu'ils commencent à dorer. Ajouter le céleri, la ciboulette, le sucre, la sauce soja, le vin ou le xérès et l'eau et porter à ébullition. Couvrir et cuire environ 15 minutes jusqu'à ce que la viande soit tendre. Mélangez la fécule de maïs avec un peu d'eau, ajoutez-la à la sauce et faites cuire en remuant jusqu'à ce que la sauce épaississe.

viande de poivre

pour 4 personnes

450 g/1 lb Dessus, coupé en lanières
45 ml/3 cuillères à soupe de sauce soja
15 ml / 1 cuillère à soupe de vin de riz ou de xérès sec
15 ml / 1 cuillère à soupe de cassonade
15 ml / 1 cuillère à soupe de racine de gingembre hachée
30 ml/2 cuillères à soupe d'huile d'arachide
50 g de pousses de bambou coupées en bâtonnets
1 oignon coupé en lanières
1 branche de céleri coupée en bâtonnets
2 poivrons rouges épépinés et coupés en lanières
120 ml/4 fl oz/¬Ω tasse de bouillon de poulet
15 ml / 1 cuillère à soupe de fécule de maïs (farine de maïs)

Placez le steak dans un bol. Mélangez la sauce soja, le vin ou le xérès, le sucre et le gingembre et incorporez-les au steak. Laisser mariner 1 heure. Retirez le steak de la marinade. Faites chauffer la moitié de l'huile et faites revenir les pousses de bambou, l'oignon, le céleri et le poivron pendant 3 minutes et retirez-les de la poêle. Faites chauffer le reste de l'huile d'olive et faites dorer le steak pendant 3 minutes. Ajouter la marinade, porter à ébullition et ajouter les légumes sautés. Cuire en remuant pendant 2 minutes. Ajouter le bouillon et la fécule de maïs et ajouter à la poêle. Porter à ébullition et cuire en remuant jusqu'à ce que la sauce soit légère et épaisse.

Bœuf au chou chinois

pour 4 personnes

225 g de viande maigre

30 ml/2 cuillères à soupe d'huile d'arachide

350 g de bok choy haché

120 ml/4 fl oz/¬Ω tasse de bouillon de bœuf

sel et poivre fraîchement moulu

10 ml/2 cuillères à café de fécule de maïs (farine de maïs)

30 ml/2 cuillères à soupe d'eau

Coupez la viande en fines tranches à contre-courant. Faites chauffer l'huile et faites dorer la viande jusqu'à ce qu'elle soit dorée. Ajouter le bok choy et faire revenir jusqu'à ce qu'il soit légèrement tendre. Ajouter le bouillon, porter à ébullition et assaisonner de sel et de poivre. Couvrir et cuire 4 minutes jusqu'à ce que la viande soit tendre. Mélangez la fécule de maïs et l'eau, versez dans la poêle et faites cuire en remuant jusqu'à ce que la sauce épaississe.

Côtelette de boeuf

pour 4 personnes

3 branches de céleri tranchées
Germes de soja 100g / 4oz
100 g de fleurons de brocoli
60 ml / 4 cuillères à soupe d'huile d'arachide
3 ciboulette (ciboulette), hachée
2 gousses d'ail écrasées
1 tranche de racine de gingembre hachée
225 g de viande maigre, coupée en lanières
45 ml/3 cuillères à soupe de sauce soja
15 ml / 1 cuillère à soupe de vin de riz ou de xérès sec
5 ml/1 cuillère à café de sel
2,5 ml/¬Ω c. sucre
poivre fraîchement moulu
15 ml / 1 cuillère à soupe de fécule de maïs (farine de maïs)

Blanchir le céleri, les germes de soja et le brocoli dans l'eau bouillante pendant 2 minutes, égoutter et sécher. Faites chauffer 45 ml/3 cuillères à soupe d'huile et faites revenir les oignons nouveaux, l'ail et le gingembre jusqu'à ce qu'ils soient légèrement dorés. Ajouter la viande et faire revenir 4 minutes. Retirer de la poêle. Faites chauffer le reste de l'huile d'olive et faites revenir les légumes pendant 3 minutes. Ajoutez la viande, la sauce soja, le vin ou le xérès, le sel, le sucre et une pincée de poivre et faites revenir 2 minutes. Mélangez la fécule de maïs avec un peu d'eau, versez dans la poêle et faites cuire en remuant jusqu'à ce que la sauce soit claire et épaississe.

viande de concombre

pour 4 personnes

450g de croupe tranchée finement
45 ml/3 cuillères à soupe de sauce soja
30 ml / 2 cuillères à soupe de fécule de maïs (farine de maïs)
60 ml / 4 cuillères à soupe d'huile d'arachide
2 concombres pelés, épépinés et tranchés
60 ml/4 cuillères à soupe de bouillon de poulet
30 ml / 2 cuillères à soupe de vin de riz ou de xérès sec
sel et poivre fraîchement moulu

Placez le steak dans un bol. Mélanger la sauce soja et la fécule de maïs et mélanger avec le steak. Laissez mariner 30 minutes.

Faites chauffer la moitié de l'huile d'olive et faites revenir les concombres pendant 3 minutes jusqu'à ce qu'ils soient opaques, puis retirez-les de la poêle. Faites chauffer le reste de l'huile d'olive et saisissez le steak jusqu'à ce qu'il soit doré. Ajouter les concombres et faire revenir 2 minutes. Ajoutez le bouillon, le vin ou le xérès et assaisonnez de sel et de poivre. Portez à ébullition, couvrez et laissez cuire 3 minutes.

Chow Mein au bœuf

pour 4 personnes

750 g / 1 ¬Ω lb de croupe

2 oignons

45 ml/3 cuillères à soupe de sauce soja

45 ml / 3 cuillères à soupe de vin de riz ou de xérès sec

15 ml / 1 cuillère à soupe de beurre de cacahuète

5 ml/1 cuillère à café de jus de citron

350 g de nouilles aux œufs

60 ml / 4 cuillères à soupe d'huile d'arachide

6 fl oz/¬œ tasse/175 ml de bouillon de poulet

15 ml / 1 cuillère à soupe de fécule de maïs (farine de maïs)
30 ml / 2 cuillères à soupe de sauce aux huîtres
4 oignons verts (ciboulette), hachés
3 branches de céleri tranchées
100 g/4 oz de champignons, tranchés
1 poivron vert coupé en lanières
Germes de soja 100g / 4oz

Retirez et jetez le gras de la viande. Couper à contre-courant en fines tranches. Coupez les oignons en tranches et séparez les couches. Mélangez 15 ml/1 cuillère à soupe de sauce soja avec 15 ml/1 cuillère à soupe de vin ou de xérès, du beurre de cacahuète et du jus de citron. Ajoutez la viande, couvrez et laissez reposer 1 heure. Cuire les pâtes dans l'eau bouillante pendant environ 5 minutes ou jusqu'à ce qu'elles soient tendres. Il sèche bien. Faites chauffer 15 ml/1 cuillère à soupe d'huile, ajoutez 15 ml/1 cuillère à soupe de sauce soja et les nouilles et faites revenir pendant 2 minutes jusqu'à ce qu'elles soient légèrement dorées. Transférer dans une assiette chaude.

Mélanger le reste de la sauce soja et le vin ou le xérès avec le bouillon, la fécule de maïs et la sauce aux huîtres. Faites chauffer 15 ml/1 cuillère à soupe d'huile et faites revenir l'oignon pendant 1 minute. Ajouter le céleri, les champignons, les poivrons et les germes de soja et faire sauter pendant 2 minutes. Retirer du wok.

Faites chauffer le reste de l'huile et faites dorer la viande jusqu'à ce qu'elle soit dorée. Ajouter le mélange de bouillon, porter à ébullition, couvrir et cuire 3 minutes. Remettez les légumes dans le wok et faites cuire en remuant pendant environ 4 minutes jusqu'à ce qu'ils soient chauds. Versez le mélange sur les tagliatelles et servez.

steak de concombre

pour 4 personnes
450g/1lb de croupe
10 ml/2 cuillères à café de fécule de maïs (farine de maïs)
10 ml/2 cuillères à café de sel
2,5 ml/¬Ω c. poivre fraîchement moulu
90 ml/6 cuillères à soupe d'huile d'arachide
1 oignon haché
1 concombre, pelé et tranché
120 ml/4 fl oz/¬Ω tasse de bouillon de bœuf

Coupez le steak en lanières puis en fines tranches à contre-courant. Placer dans un bol et ajouter la fécule de maïs, le sel, le poivre et la moitié de l'huile d'olive. Laissez mariner 30 minutes. Faites chauffer le reste de l'huile d'olive et faites revenir la viande et l'oignon jusqu'à ce qu'ils soient légèrement dorés. Ajouter les concombres et le bouillon, porter à ébullition, couvrir et laisser mijoter 5 minutes.

curry de rosbif

pour 4 personnes

45 ml/3 cuillères à soupe de beurre
15 ml/1 cuillère à soupe de poudre de curry
45 ml / 3 cuillères à soupe de farine de blé (tout usage)
13 fl oz/375 ml 1 Ω tasses de lait
15 ml/1 cuillère à soupe de sauce soja
sel et poivre fraîchement moulu
450 g/1 lb de bœuf cuit, haché
100g de petits pois
2 carottes hachées
2 oignons hachés
225 g de riz long grain cuit, chaud

1 œuf dur, tranché

Faire fondre le beurre, ajouter le curry et la farine et cuire 1 minute. Mélanger le lait et la sauce soja, porter à ébullition et cuire 2 minutes en remuant. Assaisonnez avec du sel et du poivre. Ajouter la viande, les petits pois, les carottes et les oignons et bien mélanger avec la sauce. Ajouter le riz, transférer le mélange dans un plat allant au four et cuire au four préchauffé à 200 ¬∞C/thermostat 6 pendant 20 minutes jusqu'à ce que les légumes soient tendres. Servir décoré de tranches d'œufs durs.

ormeau mariné

pour 4 personnes

450 g d'ormeau en conserve

45 ml/3 cuillères à soupe de sauce soja

30 ml/2 cuillères à soupe de vinaigre de vin

5 ml/1 cuillère à café de sucre

quelques gouttes d'huile de sésame

Égouttez l'ormeau et coupez-le en fines tranches ou en lanières. Mélanger le reste des ingrédients, verser sur l'ormeau et bien mélanger. Couvrir et réfrigérer 1 heure.

Pousses de Bambou Braisées

pour 4 personnes

60 ml / 4 cuillères à soupe d'huile d'arachide
8 oz/225 g de pousses de bambou, coupées en lanières
60 ml/4 cuillères à soupe de bouillon de poulet
15 ml/1 cuillère à soupe de sauce soja
5 ml/1 cuillère à café de sucre
5 ml/1 cuillère à café de vin de riz ou de xérès sec

Faites chauffer l'huile et faites revenir les pousses de bambou pendant 3 minutes. Mélangez le bouillon, la sauce soja, le sucre et le vin ou le xérès et ajoutez-les à la poêle. Couvrir et cuire 20 minutes. Laisser refroidir et refroidir avant de servir.

poulet au concombre

pour 4 personnes

1 concombre, pelé et épépiné
8 oz/225 g de poulet cuit, coupé en morceaux
5 ml/1 cuillère à café de moutarde en poudre
2,5 ml/¬Ω cc de sel
30 ml/2 cuillères à soupe de vinaigre de vin

Coupez le concombre en lanières et disposez-le sur une assiette plate. Placez le poulet dessus. Mélangez la moutarde, le sel et le vinaigre de vin et assaisonnez le poulet avant de servir.

Poulet au sésame

pour 4 personnes

Poulet cuit 350g/12oz

120 ml/4 fl oz/½ tasse d'eau

5 ml/1 cuillère à café de moutarde en poudre

15 ml / 1 cuillère à soupe de graines de sésame

2,5 ml/½ cc de sel

Une pincée de sucre

45 ml / 3 cuillères à soupe de coriandre fraîche hachée

5 ciboulette hachée (ciboulette)

½ tête de laitue râpée

Coupez le poulet en fines lanières. Mélangez suffisamment d'eau à la moutarde pour obtenir une pâte lisse et mélangez-la au poulet. Faites griller les graines de sésame dans une poêle à sec jusqu'à ce qu'elles soient dorées, ajoutez-les au poulet et saupoudrez de sel et de sucre. Ajoutez la moitié du persil et de la ciboulette et mélangez bien. Disposer la laitue sur une assiette, recouvrir du mélange de poulet et décorer avec le persil restant.

litchi au gingembre

pour 4 personnes

1 grosse pastèque, coupée en deux et sans pépins
450 g de litchi en conserve égouttés
2 pouces/5 cm de tige de gingembre, tranchée
quelques feuilles de menthe

Garnir les moitiés de melon de litchi et de gingembre et garnir de feuilles de menthe. Laisser refroidir avant de servir.

Ailes de poulet rôties rouges

pour 4 personnes

8 ailes de poulet

2 ciboulette (ciboulette), hachée

75 ml/5 cuillères à soupe de sauce soja

120 ml/4 fl oz/¬Ω tasse d'eau

30 ml / 2 cuillères à soupe de cassonade

Coupez et jetez les pointes des os des ailes de poulet et coupez-les en deux. Mettez-le dans une casserole avec le reste des ingrédients, portez à ébullition, couvrez et laissez cuire 30 minutes. Retirez le couvercle et laissez cuire encore 15 minutes en arrosant fréquemment. Laisser refroidir et réfrigérer avant de servir.

Chair de crabe au concombre

pour 4 personnes

100 g de chair de crabe émiettée
2 concombres pelés et râpés
1 tranche de racine de gingembre hachée
15 ml/1 cuillère à soupe de sauce soja
30 ml/2 cuillères à soupe de vinaigre de vin
5 ml/1 cuillère à café de sucre
quelques gouttes d'huile de sésame

Placer la chair de crabe et les concombres dans un bol. Mélanger le reste des ingrédients, verser sur le mélange de chair de crabe et bien mélanger. Couvrir et réfrigérer 30 minutes avant de servir.

Champignons marinés

pour 4 personnes

225 g de champignons de Paris
30 ml/2 cuillères à soupe de sauce soja
15 ml / 1 cuillère à soupe de vin de riz ou de xérès sec
pincée de sel
quelques gouttes de sauce Tabasco
quelques gouttes d'huile de sésame

Blanchir les champignons dans l'eau bouillante pendant 2 minutes, les égoutter et les sécher. Placer dans un bol et verser le reste des ingrédients. Bien mélanger et réfrigérer avant de servir.

Champignons marinés

pour 4 personnes

225 g de champignons de Paris
3 gousses d'ail écrasées
30 ml/2 cuillères à soupe de sauce soja
30 ml / 2 cuillères à soupe de vin de riz ou de xérès sec
15 ml/1 cuillère à soupe d'huile de sésame
pincée de sel

Placez les champignons et l'ail dans une passoire, versez dessus de l'eau bouillante et laissez reposer 3 minutes. Égoutter et bien sécher. Mélangez le reste des ingrédients, versez la marinade sur les champignons et laissez mariner 1 heure.

crevettes et chou-fleur

pour 4 personnes

8 oz/225 g de fleurons de chou-fleur

100 g de crevettes décortiquées

15 ml/1 cuillère à soupe de sauce soja

5 ml/1 cuillère à café d'huile de sésame

Faire bouillir le chou-fleur pendant environ 5 minutes jusqu'à ce qu'il soit tendre mais toujours croquant. Mélanger avec les crevettes, saupoudrer de sauce soja et d'huile de sésame et mélanger. Laisser refroidir avant de servir.

bâtonnets de jambon au sésame

pour 4 personnes

225 g de jambon coupé en lanières

10 ml/2 cuillères à café de sauce soja

2,5 ml/¬Ω c. huile de sésame

Disposez le jambon dans une assiette. Mélangez la sauce soja et l'huile de sésame, saupoudrez sur le jambon et servez.

tofu froid

pour 4 personnes

450 g de tofu, tranché

45 ml/3 cuillères à soupe de sauce soja

45 ml/3 cuillères à soupe d'huile d'arachide

poivre fraîchement moulu

Placez le tofu quelques tranches à la fois dans une passoire et plongez-le dans l'eau bouillante pendant 40 secondes, puis égouttez-le et disposez-le sur une assiette de service. Laisser refroidir. Mélangez la sauce soja et l'huile d'olive, saupoudrez de tofu et servez saupoudré de poivre.

Poulet au bacon

pour 4 personnes

8 oz/225 g de poulet, tranché très finement
75 ml/5 cuillères à soupe de sauce soja
15 ml / 1 cuillère à soupe de vin de riz ou de xérès sec
1 gousse d'ail écrasée
15 ml / 1 cuillère à soupe de cassonade
5 ml/1 cuillère à café de sel
5 ml/1 cuillère à café de racine de gingembre hachée
225 g de lard maigre coupé en cubes
100 g de châtaignes d'eau coupées très finement
30 ml/2 cuillères à soupe de miel

Placer le poulet dans un bol. Mélangez 45 ml/3 cuillères à soupe de sauce soja avec du vin ou du xérès, de l'ail, du sucre, du sel et du gingembre, versez sur le poulet et laissez mariner environ 3 heures. Enfiler le poulet, les lardons et les marrons sur les brochettes de kebab. Mélangez le reste de sauce soja avec le miel et badigeonnez les brochettes. Faire griller (griller) sur un gril chaud pendant environ 10 minutes jusqu'à ce qu'ils soient bien cuits, en les retournant fréquemment et en les badigeonnant d'assaisonnement supplémentaire pendant la cuisson.

Poulet frit et banane

pour 4 personnes
2 poitrines de poulet cuites
2 bananes fermes
6 tranches de pain
4 œufs
120 ml/4 fl oz/¬Ω tasse de lait
50 g/2 oz/¬Ω tasse de farine nature (tout usage)
225 g/8 oz/4 tasses de chapelure fraîche
huile de friture

Coupez le poulet en 24 morceaux. Épluchez les bananes et coupez-les en quartiers dans le sens de la longueur. Coupez chaque quartier en trois pour obtenir 24 morceaux. Retirez la croûte du pain et coupez-le en quartiers. Battez les œufs et le lait et badigeonnez un côté du pain. Placez un morceau de poulet et un morceau de banane sur la face recouverte d'œuf de chaque morceau de pain. Farinez légèrement les carrés, puis trempez-les dans l'œuf puis dans la chapelure. Tremper à nouveau dans l'œuf et la chapelure. Faites chauffer l'huile et faites frire quelques carrés à la fois jusqu'à ce qu'ils soient dorés. Égoutter sur du papier absorbant avant de servir.

Poulet au Gingembre et Champignons

pour 4 personnes

225 g de filet de poulet

5 ml/1 cuillère à café de poudre de cinq épices

15 ml / 1 cuillère à soupe de farine de blé (tout usage)

120 ml/4 fl oz/½ tasse d'huile d'arachide

4 échalotes coupées en deux

1 gousse d'ail tranchée

1 tranche de racine de gingembre hachée

25 g/1 oz/ième tasse de noix de cajou

5 ml/1 cuillère à café de miel

15 ml / 1 cuillère à soupe de farine de riz

75 ml / 5 cuillères à soupe de vin de riz ou de xérès sec

100 g de champignons coupés en quartiers

2,5 ml/½ c. curcuma

6 poivrons jaunes coupés en deux

5 ml/1 cuillère à café de sauce soja

½ jus de citron

sel et poivre

4 feuilles de laitue croustillantes

Coupez la poitrine de poulet en diagonale en fines lanières. Saupoudrer de poudre aux cinq épices et saupoudrer légèrement de farine. Faites chauffer 15 ml/1 cuillère à soupe d'huile et faites frire le poulet jusqu'à ce qu'il soit doré. Retirer de la poêle. Faites chauffer un filet d'huile d'olive et faites revenir les échalotes, l'ail, le gingembre et les noix de cajou pendant 1 minute. Ajoutez le miel et remuez jusqu'à ce que les légumes soient enrobés. Saupoudrer de farine et ajouter du vin ou du xérès. Ajoutez les champignons, le safran et le poivre et laissez cuire 1 minute. Ajouter le poulet, la sauce soja, la moitié du jus de citron, le sel et le poivre et faire chauffer. Retirer de la poêle et réserver au chaud. Faites chauffer encore un peu d'huile d'olive, ajoutez les feuilles de laitue et mélangez rapidement, assaisonnez avec du sel, du poivre et le reste du jus de citron vert. Disposez les feuilles de laitue sur une assiette chaude, disposez dessus la viande et les légumes et servez.

poulet et jambon

pour 4 personnes

8 oz/225 g de poulet, tranché très finement
75 ml/5 cuillères à soupe de sauce soja
15 ml / 1 cuillère à soupe de vin de riz ou de xérès sec
15 ml / 1 cuillère à soupe de cassonade
5 ml/1 cuillère à café de racine de gingembre hachée
1 gousse d'ail écrasée
225 g de jambon cuit en dés
30 ml/2 cuillères à soupe de miel

Placez le poulet dans un bol avec 45 ml/3 cuillères à soupe de sauce soja, de vin ou de xérès, de sucre, de gingembre et d'ail. Laisser mariner 3 heures. Enfilez le poulet et le jambon sur les brochettes de kebab. Mélangez le reste de sauce soja avec le miel et badigeonnez les brochettes. Griller sur un gril chaud pendant environ 10 minutes, en les retournant souvent et en les badigeonnant de glaçage pendant la cuisson.

Foies De Poulet Grillés

pour 4 personnes

450 g de foie de poulet

45 ml/3 cuillères à soupe de sauce soja

15 ml / 1 cuillère à soupe de vin de riz ou de xérès sec

15 ml / 1 cuillère à soupe de cassonade

5 ml/1 cuillère à café de sel

5 ml/1 cuillère à café de racine de gingembre hachée

1 gousse d'ail écrasée

Cuire les foies de poulet dans l'eau bouillante pendant 2 minutes et bien les égoutter. Placer dans un bol avec tous les autres ingrédients sauf l'huile d'olive et laisser mariner environ 3 heures. Enfilez les foies de poulet sur les brochettes de kebab et faites-les griller sur un gril chaud pendant environ 8 minutes jusqu'à ce qu'ils soient dorés.

Galettes de crabe à la châtaigne d'eau

pour 4 personnes

450 g de chair de crabe hachée

100 g de châtaignes d'eau hachées

1 gousse d'ail écrasée

1 cm/¬Ω racine de gingembre tranchée, hachée

45 ml / 3 cuillères à soupe de farine de maïs (amidon de maïs)

30 ml/2 cuillères à soupe de sauce soja

15 ml / 1 cuillère à soupe de vin de riz ou de xérès sec

5 ml/1 cuillère à café de sel

5 ml/1 cuillère à café de sucre

3 oeufs battus

huile de friture

Mélanger tous les ingrédients sauf l'huile et former des boules. Faites chauffer l'huile et faites frire les beignets de crabe jusqu'à ce qu'ils soient dorés. Bien égoutter avant de servir.

dim sum

pour 4 personnes

100 g de crevettes décortiquées et hachées
225 g/8 oz de porc maigre, finement haché
50 g de chou chinois finement haché
3 ciboulette (ciboulette), hachée
1 œuf battu
30 ml / 2 cuillères à soupe de fécule de maïs (farine de maïs)
10 ml/2 cuillères à café de sauce soja
5 ml/1 cuillère à café d'huile de sésame
5 ml/1 cuillère à café de sauce aux huîtres
24 peaux de wonton
huile de friture

Mélanger les crevettes, le porc, le chou et les oignons verts. Mélanger l'œuf, la fécule de maïs, la sauce soja, l'huile de sésame et la sauce d'huître. Placez des cuillerées du mélange au centre de chaque coquille de wonton. Appuyez doucement sur les emballages autour de la garniture, en rapprochant les bords mais en laissant le dessus ouvert. Faites chauffer l'huile et faites frire les dim sum, petit à petit, jusqu'à ce qu'ils soient dorés. Bien égoutter et servir chaud.

Rouleaux de poulet et jambon

pour 4 personnes

2 poitrines de poulet

1 gousse d'ail écrasée

2,5 ml/¬Ω cc de sel

2,5 ml/¬Ω c. poudre de cinq épices

4 tranches de jambon cuit

1 œuf battu

30 ml/2 cuillères à soupe de lait

1 oz/ième tasse/25 g de farine (tout usage)

4 coquilles de rouleaux de printemps

huile de friture

Coupez les poitrines de poulet en deux. Hachez-les jusqu'à ce qu'ils soient très fins. Mélanger l'ail, le sel et la poudre aux cinq épices et saupoudrer sur le poulet. Déposez une tranche de jambon sur chaque morceau de poulet et roulez bien. Mélangez l'œuf et le lait. Saupoudrez légèrement les morceaux de poulet de farine et trempez-les dans le mélange d'œufs. Disposez chaque morceau sur une coquille et badigeonnez les bords d'oeuf battu. Replier les côtés et rouler en pinçant les bords pour sceller. Faites chauffer l'huile et faites frire les petits pains pendant environ 5 minutes jusqu'à ce qu'ils soient dorés.

brun et bien cuit. Égoutter sur du papier absorbant et couper en tranches épaisses en diagonale pour servir.

Tartes au jambon au four

pour 4 personnes

350 g / 12 oz / 3 tasses de farine nature (tout usage)
6 oz/¬œ tasse/175 g de beurre
120 ml/4 fl oz/¬Ω tasse d'eau
8 oz/225 g de jambon haché
100 g de pousses de bambou hachées
2 ciboulette (ciboulette), hachée
15 ml/1 cuillère à soupe de sauce soja
30 ml/2 cuillères à soupe de graines de sésame

Mettez la farine dans un bol et frottez-la avec le beurre. Mélangez l'eau pour former une pâte. Étalez la pâte et coupez-la en cercles de 5 cm/2. Mélangez tous les autres ingrédients sauf les graines de sésame et déposez-en une cuillerée sur chaque cercle. Badigeonnez les bords de la pâte d'eau et fermez hermétiquement. Badigeonner l'extérieur d'eau et saupoudrer de graines de sésame. Cuire au four préchauffé à 180°C/thermostat 4 pendant 30 minutes.

Poisson pseudo-fumé

pour 4 personnes

1 bar

3 tranches de racine de gingembre, tranchées

1 gousse d'ail écrasée

1 échalote (oignon vert) coupée en tranches épaisses

75 ml/5 cuillères à soupe de sauce soja

30 ml / 2 cuillères à soupe de vin de riz ou de xérès sec

2,5 ml/½ c. anis moulu

2,5 ml/½ c. huile de sésame

10 ml/2 cuillères à café de sucre

120 ml/4 fl oz/½ tasse de bouillon

huile de friture

5 ml/1 cuillère à café de fécule de maïs (amidon de maïs)

Nettoyez le poisson et coupez-le en tranches de 5 mm à contre-courant. Ajoutez le gingembre, l'ail, l'oignon nouveau, 60 ml/4 cuillères à soupe de sauce soja, le xérès, l'anis et l'huile de sésame. Versez sur le poisson et mélangez délicatement. Laissez reposer 2 heures en remuant de temps en temps.

Égoutter la marinade dans une poêle et sécher le poisson sur du papier absorbant. Ajouter le sucre, le bouillon et le reste de la sauce soja

marinade, porter à ébullition et cuire 1 minute. Si vous avez besoin d'épaissir la sauce, mélangez la fécule de maïs avec un peu d'eau froide, ajoutez-la à la sauce et faites cuire en remuant jusqu'à ce que la sauce épaississe.

Pendant ce temps, faites chauffer l'huile et faites frire le poisson jusqu'à ce qu'il soit doré. Il sèche bien. Trempez les morceaux de poisson dans la marinade et placez-les sur une assiette chaude. Servir chaud ou froid.

champignons cuits

pour 4 personnes

12 grosses capsules de champignons séchés
225 g de chair de crabe
3 châtaignes d'eau hachées
2 oignons nouveaux (ciboulette), finement hachés
1 blanc d'oeuf
15 ml / 1 cuillère à soupe de fécule de maïs (farine de maïs)
15 ml/1 cuillère à soupe de sauce soja
15 ml / 1 cuillère à soupe de vin de riz ou de xérès sec

Faire tremper les champignons dans l'eau tiède toute la nuit. Appuyez pour sécher. Mélanger le reste des ingrédients et utiliser pour remplir les chapeaux de champignons. Placer sur un grill vapeur et cuire 40 minutes. Servir chaud.

Champignons à la sauce d'huîtres

pour 4 personnes

10 champignons chinois séchés
250 ml / 8 oz / 1 tasse de bouillon de bœuf
15 ml / 1 cuillère à soupe de fécule de maïs (farine de maïs)
30 ml / 2 cuillères à soupe de sauce aux huîtres
5 ml/1 cuillère à café de vin de riz ou de xérès sec

Faire tremper les champignons dans l'eau tiède pendant 30 minutes, puis égoutter en réservant 1 tasse/250 ml de liquide de trempage. Jetez les tiges. Mélangez 60 ml/4 cuillères à soupe de bouillon de bœuf avec la maïzena pour obtenir une pâte. Portez à ébullition le reste du bouillon de bœuf avec les champignons et le jus de champignons, couvrez et laissez mijoter 20 minutes. Retirez les champignons du liquide avec une écumoire et placez-les sur une plaque chauffante. Ajouter la sauce aux huîtres et le xérès dans la poêle et cuire en remuant pendant 2 minutes. Ajouter la pâte de fécule de maïs et cuire en remuant jusqu'à ce que la sauce épaississe. Versez sur les champignons et servez aussitôt.

Rouleaux de porc et de laitue

pour 4 personnes

4 champignons chinois séchés

15 ml / 1 cuillère à soupe d'huile d'arachide

8 oz/225 g de porc maigre, haché

100 g de pousses de bambou hachées

100 g de châtaignes d'eau hachées

4 oignons verts (ciboulette), hachés

175 g de chair de crabe émiettée

30 ml / 2 cuillères à soupe de vin de riz ou de xérès sec

15 ml/1 cuillère à soupe de sauce soja

10 ml/2 cuillères à café de sauce aux huîtres

10 ml/2 cuillères à café d'huile de sésame

9 feuilles chinoises

Faites tremper les champignons dans l'eau tiède pendant 30 minutes puis égouttez-les. Jetez les tiges et coupez les extrémités. Faites chauffer l'huile et faites dorer le porc pendant 5 minutes. Ajoutez les champignons, les pousses de bambou, les châtaignes d'eau, les échalotes et la chair de crabe et faites revenir 2 minutes. Mélangez le vin ou le xérès, la sauce soja, la sauce aux huîtres et l'huile de sésame et mélangez dans la poêle. Retirer du feu. Pendant ce temps, blanchissez les feuilles de chinois dans l'eau bouillante pendant 1 minute puis

vidange. Placer une cuillerée du mélange de porc au centre de chaque moule, replier les côtés et rouler pour servir.

Boulettes de porc et châtaignes

pour 4 personnes

450 g de porc haché (haché)
2 oz/50 g de champignons finement hachés
2 oz/50 g de châtaignes d'eau, hachées finement
1 gousse d'ail écrasée
1 œuf battu
30 ml/2 cuillères à soupe de sauce soja
15 ml / 1 cuillère à soupe de vin de riz ou de xérès sec
5 ml/1 cuillère à café de racine de gingembre hachée
5 ml/1 cuillère à café de sucre
sel
30 ml / 2 cuillères à soupe de fécule de maïs (farine de maïs)
huile de friture

Mélangez tous les ingrédients sauf la fécule de maïs et façonnez le mélange en petites boules. Enrober de fécule de maïs. Faites chauffer l'huile d'olive et faites frire les boulettes de viande pendant environ 10 minutes jusqu'à ce qu'elles soient dorées. Bien égoutter avant de servir.

Dumplings au porc

Pour 4,Äì6

450 g/1 lb de farine (tout usage)
500 ml/17 oz/2 tasses d'eau
450 g/1 lb de porc cuit, haché
8 oz/225 g de crevettes décortiquées, hachées
4 branches de céleri hachées
15 ml/1 cuillère à soupe de sauce soja
15 ml / 1 cuillère à soupe de vin de riz ou de xérès sec
15 ml/1 cuillère à soupe d'huile de sésame
5 ml/1 cuillère à café de sel
2 oignons nouveaux (ciboulette), finement hachés
2 gousses d'ail écrasées
1 tranche de racine de gingembre hachée

Mélangez la farine et l'eau jusqu'à obtenir une pâte molle et pétrissez bien. Couvrir et laisser reposer 10 minutes. Étalez la pâte le plus finement possible et découpez des cercles de 5 cm/2. Mélangez tous les ingrédients restants. Versez le mélange dans chaque cercle, humidifiez les bords et fermez en demi-cercle. Portez une casserole d'eau à ébullition et placez délicatement les boulettes de viande dans l'eau.

Boulettes de porc et de veau

pour 4 personnes
100 g de porc haché (haché)
100 g de veau haché (haché)
1 tranche de bacon (haché)
15 ml/1 cuillère à soupe de sauce soja
sel et poivre
1 œuf battu
30 ml / 2 cuillères à soupe de fécule de maïs (farine de maïs)
huile de friture

Ajouter la viande hachée et le bacon et assaisonner de sel et de poivre. Mélanger avec l'œuf, former des boules de la taille d'une noix et saupoudrer de fécule de maïs. Faites chauffer l'huile et faites-la frire jusqu'à ce qu'elle soit dorée. Bien égoutter avant de servir.

crevette papillon

pour 4 personnes

450 g de grosses crevettes décortiquées
15 ml/1 cuillère à soupe de sauce soja
5 ml/1 cuillère à café de vin de riz ou de xérès sec
5 ml/1 cuillère à café de racine de gingembre hachée
2,5 ml/¬Ω cc de sel
2 oeufs battus
30 ml / 2 cuillères à soupe de fécule de maïs (farine de maïs)
15 ml / 1 cuillère à soupe de farine de blé (tout usage)
huile de friture

Coupez les crevettes en deux le long du dos et étalez-les pour former un papillon. Mélanger la sauce soja, le vin ou le xérès, le gingembre et le sel. Versez sur les crevettes et laissez mariner 30 minutes. Retirer de la marinade et sécher. Battez l'œuf avec la semoule de maïs et la farine jusqu'à obtenir une pâte et trempez les crevettes dans la pâte. Faites chauffer l'huile et faites frire les crevettes jusqu'à ce qu'elles soient dorées. Bien égoutter avant de servir.

Crevettes chinoises

pour 4 personnes

450 g de crevettes décortiquées
30 ml/2 cuillères à soupe de sauce Worcestershire
15 ml/1 cuillère à soupe de sauce soja
15 ml / 1 cuillère à soupe de vin de riz ou de xérès sec
15 ml / 1 cuillère à soupe de cassonade

Placez les crevettes dans un bol. Mélangez le reste des ingrédients, versez sur les crevettes et laissez mariner 30 minutes. Transférer dans un moule à cake et cuire au four préchauffé à 150°C/300°F/thermostat 2 pendant 25 minutes. Servir chaud ou froid dans des coquilles pour permettre aux convives de créer leurs propres coquilles.

nuages de dragons

pour 4 personnes

100 g de crackers aux crevettes

huile de friture

Faites chauffer l'huile jusqu'à ce qu'elle soit très chaude. Ajoutez une poignée de craquelins de crevettes à la fois et faites frire pendant quelques secondes jusqu'à ce qu'ils gonflent. Retirez-les de l'huile et laissez-les égoutter sur du papier absorbant pendant que vous continuez à frire les biscuits.

Crevettes croustillantes

pour 4 personnes

450 g de crevettes décortiquées

15 ml / 1 cuillère à soupe de vin de riz ou de xérès sec

10 ml/2 cuillères à café de sauce soja

5 ml/1 cuillère à café de poudre de cinq épices

sel et poivre

90 ml / 6 cuillères à soupe de farine de maïs (amidon de maïs)

2 oeufs battus

100 g de chapelure

huile d'arachide pour la friture

Mélanger les crevettes avec du vin ou du xérès, de la sauce soja et de la poudre aux cinq épices et assaisonner de sel et de poivre. Trempez-les dans la fécule de maïs puis dans l'œuf battu et la chapelure. Faire revenir dans l'huile bouillante pendant quelques minutes jusqu'à ce qu'ils soient légèrement dorés, égoutter et servir immédiatement.

Crevettes sauce gingembre

pour 4 personnes

15 ml/1 cuillère à soupe de sauce soja
5 ml/1 cuillère à café de vin de riz ou de xérès sec
5 ml/1 cuillère à café d'huile de sésame
450 g de crevettes décortiquées
30 ml / 2 cuillères à soupe de persil frais haché
15 ml / 1 cuillère à soupe de vinaigre de vin
5 ml/1 cuillère à café de racine de gingembre hachée

Mélangez la sauce soja, le vin ou le xérès et l'huile de sésame. Versez sur les crevettes, couvrez et laissez mariner 30 minutes. Griller les crevettes quelques minutes jusqu'à ce qu'elles soient cuites, en les badigeonnant de marinade. Pendant ce temps, mélangez le persil, le vinaigre de vin et le gingembre pour accompagner les crevettes.

Rouleaux de pâtes et crevettes

pour 4 personnes

2 oz/50 g de nouilles aux œufs, cassées en morceaux

15 ml / 1 cuillère à soupe d'huile d'arachide

50 g de porc maigre, finement haché

100 g de champignons hachés

3 ciboulette (ciboulette), hachée

100 g de crevettes décortiquées et hachées

15 ml / 1 cuillère à soupe de vin de riz ou de xérès sec

sel et poivre

24 peaux de wonton

1 œuf battu

huile de friture

Faites cuire les pâtes dans l'eau bouillante pendant 5 minutes, égouttez-les et hachez-les. Faites chauffer l'huile et faites dorer le porc pendant 4 minutes. Ajoutez les champignons et les oignons et faites revenir 2 minutes puis retirez du feu. Ajoutez les crevettes, le vin ou le xérès et les pâtes et assaisonnez au goût avec du sel et du poivre. Placer des cuillerées du mélange au centre de chaque wonton et badigeonner les bords avec l'œuf battu. Pliez les bords et roulez les paquets en scellant les bords. Faites chauffer l'huile et faites frire les petits pains

quelques-uns à la fois pendant environ 5 minutes jusqu'à ce qu'ils soient dorés. Égoutter sur du papier absorbant avant de servir.

Toasts aux crevettes

pour 4 personnes

2 œufs 450 g de crevettes décortiquées, hachées
15 ml / 1 cuillère à soupe de fécule de maïs (farine de maïs)
1 oignon haché
30 ml/2 cuillères à soupe de sauce soja
15 ml / 1 cuillère à soupe de vin de riz ou de xérès sec
5 ml/1 cuillère à café de sel
5 ml/1 cuillère à café de racine de gingembre hachée
8 tranches de pain coupées en triangles
huile de friture

Mélangez 1 œuf avec tous les autres ingrédients sauf le pain et l'huile. Versez le mélange sur les triangles de pain et pressez en forme de dôme. Badigeonner avec le reste de l'œuf. Faites chauffer environ 5 cm d'huile et faites frire les triangles de pain jusqu'à ce qu'ils soient dorés. Bien égoutter avant de servir.

Wontons de porc et crevettes avec sauce aigre-douce

pour 4 personnes

120 ml/4 fl oz/½ tasse d'eau

60 ml/4 cuillères à soupe de vinaigre de vin

60 ml / 4 cuillères à soupe de cassonade

30 ml / 2 cuillères à soupe de purée de tomates (pâte)

10 ml/2 cuillères à café de fécule de maïs (farine de maïs)

25 g de champignons hachés

25 g/1 oz de crevettes décortiquées, hachées

2 oz/50 g de porc maigre, haché

2 ciboulette (ciboulette), hachée

5 ml/1 cuillère à café de sauce soja

2,5 ml/½ c. racine de gingembre râpée

1 gousse d'ail écrasée

24 peaux de wonton

huile de friture

Mélangez l'eau, le vinaigre de vin, le sucre, la purée de tomates et la fécule de maïs dans une petite casserole. Porter à ébullition en remuant constamment et cuire 1 minute. Retirer du feu et réserver au chaud.

Mélanger les champignons, les crevettes, le porc, les oignons verts, la sauce soja, le gingembre et l'ail. Verser des cuillères à soupe de garniture dans chaque coquille, badigeonner les bords d'eau et presser pour sceller. Faites chauffer l'huile et faites frire les wontons petit à petit jusqu'à ce qu'ils soient dorés. Égoutter sur du papier absorbant et servir chaud avec une sauce aigre-douce.

Bouillon de poulet

Donne 2 litres/3½ pintes/8½ tasses

1,5 kg d'os de poulet cuits ou crus

450 g/1 lb d'os de porc

1 cm/½ sur un morceau de racine de gingembre

3 oignons verts (oignons verts), tranchés

1 gousse d'ail écrasée

5 ml/1 cuillère à café de sel

2,25 litres / 4 quarts / 10 tasses d'eau

Portez tous les ingrédients à ébullition, couvrez et laissez cuire 15 minutes. Retirez toute graisse. Couvrir et cuire 1h30. Filtrer, laisser refroidir et égoutter. Congeler en petites quantités ou conserver au réfrigérateur et consommer dans les 2 jours.

Soupe aux germes de soja et au porc

pour 4 personnes

450 g de porc en dés

2½ pintes/6 tasses/1,5 L de bouillon de poulet

5 tranches de racine de gingembre

350 g de germes de soja

15 ml/1 cuillère à soupe de sel

Blanchir le porc dans l'eau bouillante pendant 10 minutes, puis l'égoutter. Portez le bouillon à ébullition et ajoutez le porc et le gingembre. Couvrir et cuire 50 minutes. Ajoutez les germes de soja et le sel et laissez cuire 20 minutes.

Soupe aux ormeaux et aux champignons

pour 4 personnes

60 ml / 4 cuillères à soupe d'huile d'arachide

100 g de porc maigre, coupé en lanières

8 oz/225 g d'ormeaux en conserve, coupés en lanières

100 g/4 oz de champignons, tranchés

2 branches de céleri tranchées

50 g de jambon coupé en lanières

2 oignons émincés

2½ points/6 tasses/1,5 L d'eau

30 ml/2 cuillères à soupe de vinaigre de vin

45 ml/3 cuillères à soupe de sauce soja

2 tranches de racine de gingembre hachée

sel et poivre fraîchement moulu

15 ml / 1 cuillère à soupe de fécule de maïs (farine de maïs)

45 ml / 3 cuillères à soupe d'eau

Faites chauffer l'huile d'olive et faites revenir le porc, les ormeaux, les champignons, le céleri, le jambon et l'oignon pendant 8 minutes. Ajoutez l'eau et le vinaigre de vin, portez à ébullition, couvrez et laissez cuire 20 minutes. Ajouter la sauce soja, le gingembre, le sel et le poivre. Mélangez la fécule de maïs jusqu'à ce qu'elle forme une pâte avec le

l'eau, incorporer à la soupe et cuire en remuant pendant 5 minutes jusqu'à ce que la soupe soit claire et épaissie.

Soupe au poulet et asperges

pour 4 personnes

100 g de poulet haché

2 blancs d'œufs

2,5 ml/½ cuillère à café de sel

30 ml / 2 cuillères à soupe de fécule de maïs (farine de maïs)

225 g d'asperges coupées en morceaux de 5 cm

Germes de soja 100g / 4oz

2½ pintes/6 tasses/1,5 L de bouillon de poulet

100 g de champignons de Paris

Mélangez le poulet avec les blancs d'œufs, le sel et la fécule de maïs et laissez reposer 30 minutes. Cuire le poulet dans l'eau bouillante pendant environ 10 minutes jusqu'à ce qu'il soit bien cuit et bien égoutter. Blanchir les asperges dans l'eau bouillante pendant 2 minutes, puis égoutter. Blanchir les germes de soja dans l'eau bouillante pendant 3 minutes, puis égoutter. Versez le bouillon dans une grande casserole et ajoutez le poulet, les asperges, les champignons et les germes de soja. Porter à ébullition et assaisonner avec du sel. Cuire quelques minutes pour laisser les saveurs se développer et jusqu'à ce que les légumes soient tendres mais toujours croquants.

soupe à la viande

pour 4 personnes

225 g/8 oz de bœuf haché (haché)
15 ml/1 cuillère à soupe de sauce soja
15 ml / 1 cuillère à soupe de vin de riz ou de xérès sec
15 ml / 1 cuillère à soupe de fécule de maïs (farine de maïs)
2 pintes/5 tasses/1,2 L de bouillon de poulet
5 ml/1 cuillère à café de sauce au piment fort
sel et poivre
2 oeufs battus
6 ciboulette (ciboulette), hachée

Mélangez la viande avec la sauce soja, le vin ou le xérès et la fécule de maïs. Ajouter au bouillon et laisser bouillir lentement en remuant. Ajouter la sauce aux haricots rouges et assaisonner au goût avec du sel et du poivre, couvrir et cuire environ 10 minutes en remuant de temps en temps. Mélangez les œufs et servez parsemé de ciboulette.

Soupe chinoise au bœuf et aux feuilles

pour 4 personnes

200 g de viande maigre, coupée en lanières
15 ml/1 cuillère à soupe de sauce soja
15 ml / 1 cuillère à soupe d'huile d'arachide
2½ points / 1,5 L / 6 tasses de bouillon de bœuf
5 ml/1 cuillère à café de sel
2,5 ml/½ cuillère à café de sucre
½ tête de feuilles chinoises coupées en morceaux

Mélangez la viande avec la sauce soja et l'huile d'olive et laissez mariner 30 minutes en remuant de temps en temps. Portez à ébullition le bouillon avec le sel et le sucre, ajoutez les feuilles de chinoiserie et laissez cuire environ 10 minutes jusqu'à ce qu'elles soient presque cuites. Ajoutez la viande et laissez cuire encore 5 minutes.

Soupe aux choux

pour 4 personnes

60 ml / 4 cuillères à soupe d'huile d'arachide

2 oignons hachés

100 g de porc maigre, coupé en lanières

8 oz/225 g de bok choy haché

10 ml/2 cuillères à café de sucre

2 pintes/5 tasses/1,2 L de bouillon de poulet

45 ml/3 cuillères à soupe de sauce soja

sel et poivre

15 ml / 1 cuillère à soupe de fécule de maïs (farine de maïs)

Faites chauffer l'huile et faites revenir l'oignon et le porc jusqu'à ce qu'ils soient légèrement dorés. Ajoutez le chou et le sucre et faites revenir 5 minutes. Ajouter le bouillon et la sauce soja et assaisonner au goût avec du sel et du poivre. Portez à ébullition, couvrez et laissez cuire à feu doux pendant 20 minutes. Mélangez la fécule de maïs avec un peu d'eau, ajoutez-la à la soupe et faites cuire en remuant jusqu'à ce que la soupe épaississe et s'éclaircisse.

soupe de boeuf épicée

pour 4 personnes

45 ml/3 cuillères à soupe d'huile d'arachide

1 gousse d'ail écrasée

5 ml/1 cuillère à café de sel

225 g/8 oz de bœuf haché (haché)

6 oignons nouveaux (ciboulette), coupés en lanières

1 poivron rouge coupé en lanières

1 poivron vert coupé en lanières

225 g de chou frisé haché

1¾ tasses/1 L/4¼ tasses de bouillon de bœuf

30 ml / 2 cuillères à soupe de sauce aux prunes

30 ml/2 cuillères à soupe de sauce hoisin

45 ml/3 cuillères à soupe de sauce soja

2 morceaux de tige de gingembre hachée

2 oeufs

5 ml/1 cuillère à café d'huile de sésame

225 g de nouilles claires, trempées

Faites chauffer l'huile et faites revenir l'ail et le sel jusqu'à ce qu'ils soient dorés. Ajoutez la viande et faites-la dorer rapidement. Ajouter les légumes et faire revenir jusqu'à ce qu'ils soient translucides. Ajouter le bouillon, la sauce aux prunes, la sauce hoisin, 2/30 ml

cuillère de sauce soja et de gingembre, porter à ébullition et cuire 10 minutes. Battez les œufs avec l'huile de sésame et le reste de sauce soja. Ajouter à la soupe avec les nouilles et cuire en remuant jusqu'à ce que les œufs soient tendres et les nouilles tendres.

soupe céleste

pour 4 personnes

2 ciboulette (ciboulette), hachée

1 gousse d'ail écrasée

30 ml / 2 cuillères à soupe de persil frais haché

5 ml/1 cuillère à café de sel

15 ml / 1 cuillère à soupe d'huile d'arachide

30 ml/2 cuillères à soupe de sauce soja

2½ points/6 tasses/1,5 L d'eau

Ajouter la ciboulette, l'ail, le persil, le sel, l'huile d'olive et la sauce soja. Faites bouillir l'eau, versez dessus le mélange de ciboulette et laissez reposer 3 minutes.

Soupe au poulet et pousses de bambou

pour 4 personnes

2 cuisses de poulet

30 ml/2 cuillères à soupe d'huile d'arachide

5 ml/1 cuillère à café de vin de riz ou de xérès sec

2½ pintes/6 tasses/1,5 L de bouillon de poulet

3 oignons nouveaux tranchés

100 g de pousses de bambou coupées en morceaux

5 ml/1 cuillère à café de racine de gingembre hachée

sel

Désossez le poulet et coupez la viande en morceaux. Faites chauffer l'huile et faites frire le poulet jusqu'à ce qu'il soit doré de tous les côtés. Ajouter le bouillon, les oignons verts, les pousses de bambou et le gingembre, porter à ébullition et cuire environ 20 minutes jusqu'à ce que le poulet soit tendre. Assaisonner de sel avant de servir.

Soupe au poulet et au maïs

pour 4 personnes

1¾ tasses/1 L/4¼ tasses de bouillon de poulet

100 g de poulet haché

200 g/7 oz de maïs sucré en crème

tranche de jambon haché

des œufs battus

15 ml / 1 cuillère à soupe de vin de riz ou de xérès sec

Portez à ébullition le bouillon et le poulet, couvrez et laissez mijoter 15 minutes. Ajouter le maïs et le jambon, couvrir et cuire 5 minutes. Ajoutez les œufs et le xérès en remuant lentement avec une baguette pour que les œufs forment des fils. Retirer du feu, couvrir et laisser reposer 3 minutes avant de servir.

Soupe au poulet et au gingembre

pour 4 personnes

4 champignons chinois séchés
2½ points / 6 tasses / 1,5 L d'eau ou de bouillon de poulet
225 g de viande de poulet, coupée en cubes
10 tranches de racine de gingembre
5 ml/1 cuillère à café de vin de riz ou de xérès sec
sel

Faites tremper les champignons dans l'eau tiède pendant 30 minutes puis égouttez-les. Jetez les tiges. Portez à ébullition l'eau ou le bouillon avec les autres ingrédients et laissez cuire à feu doux pendant environ 20 minutes, jusqu'à ce que le poulet soit cuit.

Soupe de poulet aux champignons chinois

pour 4 personnes

25 g/1 oz de champignons chinois séchés
100 g de poulet haché
2 oz/50 g de pousses de bambou hachées
30 ml/2 cuillères à soupe de sauce soja
30 ml / 2 cuillères à soupe de vin de riz ou de xérès sec
2 pintes/5 tasses/1,2 L de bouillon de poulet

Faites tremper les champignons dans l'eau tiède pendant 30 minutes puis égouttez-les. Jetez les tiges et coupez les extrémités. Blanchir les champignons, le poulet et les pousses de bambou dans l'eau bouillante pendant 30 secondes, puis égoutter. Placez-les dans un bol et incorporez la sauce soja et le vin ou le xérès. Laisser mariner 1 heure. Portez le bouillon à ébullition, ajoutez le mélange de poulet et la marinade. Bien mélanger et cuire quelques minutes jusqu'à ce que le poulet soit cuit.

Soupe au poulet et riz

pour 4 personnes

1¾ tasses/1 L/4¼ tasses de bouillon de poulet

225 g / 8 oz / 1 tasse de riz à grains longs cuit

100 g de poulet cuit, coupé en lanières

1 oignon coupé en quartiers

5 ml/1 cuillère à café de sauce soja

Chauffer doucement tous les ingrédients jusqu'à ce qu'ils soient chauds, sans porter la soupe à ébullition.

Soupe au poulet et à la noix de coco

pour 4 personnes
350 g de poitrine de poulet
sel
10 ml/2 cuillères à café de fécule de maïs (farine de maïs)
30 ml/2 cuillères à soupe d'huile d'arachide
1 poivron vert haché
1¾ pts./4¼ tasses de lait de coco
5 ml/1 cuillère à café de zeste de citron
12 litchis
pincée de muscade râpée
sel et poivre fraîchement moulu
2 feuilles de citronnelle

Coupez la poitrine de poulet en diagonale en lanières. Saupoudrer de sel et enrober de fécule de maïs. Faites chauffer 2 cuillères à café/10 ml d'huile dans un wok, remuez et versez. Répétez une fois de plus. Faites chauffer le reste de l'huile d'olive et faites revenir le poulet et les poivrons pendant 1 minute. Ajoutez le lait de coco et portez à ébullition. Ajoutez le zeste de citron et laissez cuire 5 minutes. Ajouter les litchis, assaisonner de muscade, saler et poivrer et servir garni de citronnelle.

soupe aux fruits de mer

pour 4 personnes

2 champignons chinois séchés
12 palourdes trempées et nettoyées
2½ pintes/6 tasses/1,5 L de bouillon de poulet
2 oz/50 g de pousses de bambou hachées
2 oz/50 g de petits pois, coupés en deux
2 oignons verts (oignons verts), tranchés
15 ml / 1 cuillère à soupe de vin de riz ou de xérès sec
pincée de poivre fraîchement moulu

Faites tremper les champignons dans l'eau tiède pendant 30 minutes puis égouttez-les. Jetez les tiges et coupez les extrémités en deux. Faites cuire les palourdes pendant environ 5 minutes jusqu'à ce qu'elles s'ouvrent ; jetez ceux qui restent fermés. Retirez les palourdes des coquilles. Portez le bouillon à ébullition et ajoutez les champignons, les pousses de bambou, le basilic et les échalotes. Cuire à découvert pendant 2 minutes. Ajouter les palourdes, le vin ou le xérès et le poivre et cuire jusqu'à ce qu'ils soient bien chauds.

soupe aux œufs

pour 4 personnes

2 pintes/5 tasses/1,2 L de bouillon de poulet

3 oeufs battus

45 ml/3 cuillères à soupe de sauce soja

sel et poivre fraîchement moulu

4 oignons verts (oignons verts), tranchés

Portez le bouillon à ébullition. Ajoutez progressivement les œufs battus en remuant pour qu'ils se séparent en fils. Ajouter la sauce soja et assaisonner au goût avec du sel et du poivre. Servir garni de ciboulette.

Soupe de crabe et pétoncles

pour 4 personnes

4 champignons chinois séchés
15 ml / 1 cuillère à soupe d'huile d'arachide
1 œuf battu
2½ pintes/6 tasses/1,5 L de bouillon de poulet
175 g de chair de crabe émiettée
100 g de Saint-Jacques décortiquées, tranchées
100 g de pousses de bambou coupées en tranches
2 ciboulette (ciboulette), hachée
1 tranche de racine de gingembre hachée
quelques crevettes bouillies décortiquées (facultatif)
45 ml / 3 cuillères à soupe de farine de maïs (amidon de maïs)
90 ml/6 cuillères à soupe d'eau
30 ml / 2 cuillères à soupe de vin de riz ou de xérès sec
20 ml/4 cuillères à café de sauce soja
2 blancs d'œufs

Faites tremper les champignons dans l'eau tiède pendant 30 minutes puis égouttez-les. Jetez les tiges et coupez le dessus en fines tranches. Faites chauffer l'huile, ajoutez l'œuf et inclinez la poêle pour que l'œuf recouvre le fond. cuire jusqu'à ce que

retourner et cuire l'autre côté. Démoulez, roulez et coupez en fines lanières.

Porter le bouillon à ébullition, ajouter les champignons, les lanières d'œufs, la chair de crabe, les pétoncles, les pousses de bambou, les oignons verts, le gingembre et les crevettes, si désiré. Faire bouillir à nouveau. Mélangez la fécule de maïs avec 60 ml/4 cuillères à soupe d'eau, de vin ou de xérès et de sauce soja et incorporez-la à la soupe. Cuire en remuant constamment jusqu'à ce que la soupe épaississe. Battez les blancs d'œufs avec le reste de l'eau et versez lentement le mélange dans la soupe en remuant vigoureusement.

soupe de crabe

pour 4 personnes

90 ml/6 cuillères à soupe d'huile d'arachide
3 oignons hachés
225 g/8 oz de chair de crabe blanche et brune
1 tranche de racine de gingembre hachée
2 pintes/5 tasses/1,2 L de bouillon de poulet
¼pt/150ml/tasse de vin de riz ou de xérès sec
45 ml/3 cuillères à soupe de sauce soja
sel et poivre fraîchement moulu

Faites chauffer l'huile et faites revenir l'oignon jusqu'à ce qu'il soit tendre mais pas doré. Ajoutez la chair de crabe et le gingembre et faites revenir 5 minutes. Ajouter le bouillon, le vin ou le xérès et la sauce soja, saler et poivrer. Porter à ébullition et cuire 5 minutes.

Soupe de poisson

pour 4 personnes

225 g de filets de poisson
1 tranche de racine de gingembre hachée
15 ml / 1 cuillère à soupe de vin de riz ou de xérès sec
30 ml/2 cuillères à soupe d'huile d'arachide
2½ points / 1,5 l / 6 tasses de bouillon de poisson

Coupez le poisson en fines lanières à contre-courant. Mélangez le gingembre, le vin ou le xérès et l'huile d'olive, ajoutez le poisson et mélangez délicatement. Laisser mariner 30 minutes en remuant de temps en temps. Portez le bouillon à ébullition, ajoutez le poisson et laissez cuire à feu doux pendant 3 minutes.

Soupe de poisson et de laitue

pour 4 personnes

225 g/8 oz de filets de poisson blanc

30 ml / 2 cuillères à soupe de farine de blé (tout usage)

sel et poivre fraîchement moulu

90 ml/6 cuillères à soupe d'huile d'arachide

6 oignons verts (oignons verts), tranchés

100 g de laitue hachée

2 points/5 tasses/1,2 L d'eau

10 ml/2 cuillères à café de racine de gingembre hachée

150 ml / ¼ pt / généreuse ½ tasse de vin de riz ou de xérès sec

30 ml / 2 cuillères à soupe de fécule de maïs (farine de maïs)

30 ml / 2 cuillères à soupe de persil frais haché

10 ml/2 cuillères à café de jus de citron

30 ml/2 cuillères à soupe de sauce soja

Coupez le poisson en fines lanières et mélangez-le avec la farine assaisonnée. Faites chauffer l'huile et faites revenir la ciboulette jusqu'à ce qu'elle soit tendre. Ajouter la laitue et faire revenir pendant 2 minutes. Ajouter le poisson et cuire 4 minutes. Ajouter l'eau, le gingembre et le vin ou le xérès, porter à ébullition, couvrir et cuire 5 minutes. Mélangez la fécule de maïs avec un peu d'eau et ajoutez-la à la soupe. Cuire en remuant pendant encore 4 minutes, jusqu'à ce que la soupe se forme.

nettoyer et assaisonner de sel et de poivre. Servir saupoudré de persil, de jus de citron et de sauce soja.

Soupe de gingembre aux boulettes

pour 4 personnes

5 cm / 2 dans un morceau de racine de gingembre râpé

350 g de cassonade

2½ points/1,5 litres/7 tasses d'eau

225 g/8 oz/2 tasses de farine de riz

2,5 ml/½ cuillère à café de sel

60 ml/4 cuillères à soupe d'eau

Mettez le gingembre, le sucre et l'eau dans une casserole et faites chauffer en remuant constamment. Couvrir et cuire environ 20 minutes. Filtrez la soupe et remettez-la dans la casserole.

Pendant ce temps, mettez la farine et le sel dans un bol et mélangez progressivement avec suffisamment d'eau pour former une pâte épaisse. Faites des petites boules et disposez-les dans la soupe. Portez à nouveau la soupe à ébullition, couvrez et laissez cuire encore 6 minutes jusqu'à ce que les raviolis soient bien cuits.

soupe aigre-piquante

pour 4 personnes

8 champignons chinois séchés
1¾ tasses/1 L/4¼ tasses de bouillon de poulet
100 g de poulet coupé en lanières
100 g de pousses de bambou coupées en lamelles
100 g de tofu coupé en lanières
15 ml/1 cuillère à soupe de sauce soja
30 ml/2 cuillères à soupe de vinaigre de vin
30 ml / 2 cuillères à soupe de fécule de maïs (farine de maïs)
2 oeufs battus
quelques gouttes d'huile de sésame

Faites tremper les champignons dans l'eau tiède pendant 30 minutes puis égouttez-les. Jetez les tiges et coupez le dessus en lanières. Portez à ébullition les champignons, le bouillon, le poulet, les pousses de bambou et le tofu, couvrez et laissez mijoter 10 minutes. Fouetter la sauce soja, le vinaigre de vin et la fécule de maïs jusqu'à consistance lisse, ajouter à la soupe et cuire 2 minutes jusqu'à ce que la soupe soit translucide. Ajoutez lentement les œufs et l'huile de sésame en mélangeant avec une baguette. Couvrir et laisser reposer 2 minutes avant de servir.

Soupe aux champignons

pour 4 personnes

15 champignons chinois séchés
2½ pintes/6 tasses/1,5 L de bouillon de poulet
5 ml/1 cuillère à café de sel

Faire tremper les champignons dans l'eau tiède pendant 30 minutes et les égoutter en réservant le liquide. Jetez les tiges et coupez les extrémités en deux si elles sont grosses et placez-les dans un grand bol résistant à la chaleur. Placez le bol sur une grille dans le cuiseur vapeur. Portez le bouillon à ébullition, versez-le sur les champignons, couvrez et faites cuire 1 heure dans l'eau bouillante. Assaisonner avec du sel et servir.

Soupe aux choux et champignons

pour 4 personnes

25 g/1 oz de champignons chinois séchés
15 ml / 1 cuillère à soupe d'huile d'arachide
2 oz/50 g de feuilles chinoises hachées
15 ml / 1 cuillère à soupe de vin de riz ou de xérès sec
15 ml/1 cuillère à soupe de sauce soja
2 pintes/5 tasses/1,2 L de bouillon de poulet ou de légumes
sel et poivre fraîchement moulu
5 ml/1 cuillère à café d'huile de sésame

Faites tremper les champignons dans l'eau tiède pendant 30 minutes puis égouttez-les. Jetez les tiges et coupez les extrémités. Faites chauffer l'huile d'olive et faites revenir les champignons et les feuilles de Chine pendant 2 minutes jusqu'à ce qu'ils soient bien enrobés. Incorporer le vin ou le xérès et la sauce soja et ajouter le bouillon. Porter à ébullition, assaisonner de sel et de poivre et cuire 5 minutes. Arroser d'huile de sésame avant de servir.

soupe aux œufs et aux champignons

pour 4 personnes

1¾ tasses/1 L/4¼ tasses de bouillon de poulet

30 ml / 2 cuillères à soupe de fécule de maïs (farine de maïs)

100 g/4 oz de champignons, tranchés

1 rondelle d'oignon, finement hachée

pincée de sel

3 gouttes d'huile de sésame

2,5 ml/½ cuillère à café de sauce soja

1 œuf battu

Mélangez un peu de bouillon avec la fécule de maïs et mélangez tous les ingrédients sauf l'œuf. Portez à ébullition, couvrez et laissez cuire 5 minutes. Ajoutez l'œuf en remuant avec une baguette pour que l'œuf forme des fils. Retirer du feu et laisser reposer 2 minutes avant de servir.

Soupe aux champignons et châtaignes d'eau

pour 4 personnes

1¾ tasses/1 L/4¼ tasses de bouillon de légumes ou d'eau

2 oignons finement hachés

5 ml/1 cuillère à café de vin de riz ou de xérès sec

30 ml/2 cuillères à soupe de sauce soja

225 g de champignons de Paris

100 g de châtaignes d'eau tranchées

100 g de pousses de bambou coupées en tranches

quelques gouttes d'huile de sésame

2 feuilles de laitue coupées en morceaux

2 oignons nouveaux (ciboulette), coupés en morceaux

Portez à ébullition l'eau, l'oignon, le vin ou le xérès et la sauce soja, couvrez et laissez mijoter 10 minutes. Ajoutez les champignons, les châtaignes d'eau et les pousses de bambou, couvrez et laissez cuire 5 minutes. Ajouter l'huile de sésame, les feuilles de laitue et les oignons nouveaux, retirer du feu, couvrir et laisser reposer 1 minute avant de servir.

Soupe de porc et champignons

pour 4 personnes

60 ml / 4 cuillères à soupe d'huile d'arachide

1 gousse d'ail écrasée

2 oignons émincés

8 oz/225 g de porc maigre, coupé en lanières

1 branche de céleri hachée

2 oz/50 g de champignons, tranchés

2 carottes tranchées

2 points/5 tasses/1,2 L de bouillon de bœuf

15 ml/1 cuillère à soupe de sauce soja

sel et poivre fraîchement moulu

15 ml / 1 cuillère à soupe de fécule de maïs (farine de maïs)

Faites chauffer l'huile et faites revenir l'ail, l'oignon et le porc jusqu'à ce que l'oignon soit tendre et légèrement doré. Ajoutez le céleri, les champignons et les carottes, couvrez et laissez cuire 10 minutes. Portez le bouillon à ébullition, ajoutez-le à la poêle avec la sauce soja et assaisonnez au goût avec du sel et du poivre. Mélangez la fécule de maïs avec un peu d'eau, versez dans la poêle et faites cuire en remuant pendant environ 5 minutes.

Soupe de porc et cresson

pour 4 personnes

2½ pintes/6 tasses/1,5 L de bouillon de poulet

100 g de porc maigre, coupé en lanières

3 branches de céleri, coupées en diagonale

2 oignons verts (oignons verts), tranchés

1 botte de cresson

5 ml/1 cuillère à café de sel

Portez le bouillon à ébullition, ajoutez le porc et le céleri, couvrez et laissez mijoter 15 minutes. Ajouter la ciboulette, le cresson et le sel et cuire à découvert pendant environ 4 minutes.

Soupe de porc et concombre

pour 4 personnes

100 g de porc maigre, tranché finement
5 ml/1 cuillère à café de fécule de maïs (amidon de maïs)
15 ml/1 cuillère à soupe de sauce soja
15 ml / 1 cuillère à soupe de vin de riz ou de xérès sec
1 concombre
2½ pintes/6 tasses/1,5 L de bouillon de poulet
5 ml/1 cuillère à café de sel

Mélanger le porc, la fécule de maïs, la sauce soja et le vin ou le xérès. Mélangez bien le porc. Épluchez le concombre, coupez-le en deux dans le sens de la longueur et retirez les graines. Je le coupe souvent. Portez le bouillon à ébullition, ajoutez le porc, couvrez et laissez mijoter 10 minutes. Ajouter le concombre et cuire quelques minutes jusqu'à ce qu'il soit translucide. Assaisonner de sel et ajouter un peu de sauce soja si désiré.

Soupe aux boulettes de porc et nouilles

pour 4 personnes

50 g de nouilles de riz

225 g de porc haché (haché)

5 ml/1 cuillère à café de fécule de maïs (amidon de maïs)

2,5 ml/½ cuillère à café de sel

30 ml/2 cuillères à soupe d'eau

2½ pintes/6 tasses/1,5 L de bouillon de poulet

1 échalote (oignon vert) hachée finement

5 ml/1 cuillère à café de sauce soja

Faites tremper les pâtes dans l'eau froide pendant que vous préparez les boulettes de viande. Mélangez le porc, la fécule de maïs, un peu de sel et d'eau et formez des boules de la taille d'une noix. Portez une casserole d'eau à ébullition, ajoutez les boulettes de porc, couvrez et laissez cuire 5 minutes. Bien égoutter et égoutter les pâtes. Portez le bouillon à ébullition, ajoutez les boulettes de porc et les pâtes, couvrez et laissez cuire 5 minutes. Ajouter les oignons verts, la sauce soja et le reste du sel et cuire encore 2 minutes.

Soupe aux épinards et au tofu

pour 4 personnes

2 pintes/5 tasses/1,2 L de bouillon de poulet
200 g de tomates en conserve, égouttées et hachées
8 oz/225 g de tofu coupé en dés
8 oz/225 g d'épinards hachés
30 ml/2 cuillères à soupe de sauce soja
5 ml/1 cuillère à café de cassonade
sel et poivre fraîchement moulu

Portez le bouillon à ébullition, ajoutez les tomates, le tofu et les épinards et remuez doucement. Remettez sur le feu et laissez cuire 5 minutes. Ajouter la sauce soja et le sucre et assaisonner au goût avec du sel et du poivre. Laissez bouillir 1 minute avant de servir.

Soupe de maïs et crabe

pour 4 personnes

2 pintes/5 tasses/1,2 L de bouillon de poulet

200 g/7 oz de maïs sucré

sel et poivre fraîchement moulu

1 œuf battu

7 oz/200 g de chair de crabe émiettée

3 échalotes hachées

Portez le bouillon à ébullition, ajoutez le maïs sucré et assaisonnez de sel et de poivre. Cuire à feu doux pendant 5 minutes. Juste avant de servir, arrosez les œufs à la fourchette et mélangez-les à la soupe. Servir parsemé de chair de crabe et de ciboulette hachée.

Soupe du Sichuan

pour 4 personnes

4 champignons chinois séchés

2½ pintes/6 tasses/1,5 L de bouillon de poulet

75 ml/5 cuillères à soupe de vin blanc sec

15 ml/1 cuillère à soupe de sauce soja

2,5 ml/½ cuillère à café de sauce piquante

30 ml / 2 cuillères à soupe de fécule de maïs (farine de maïs)

60 ml/4 cuillères à soupe d'eau

100 g de porc maigre, coupé en lanières

50 g de jambon cuit coupé en lanières

1 poivron rouge coupé en lanières

2 oz/50 g de châtaignes d'eau, tranchées

10 ml/2 cuillères à café de vinaigre de vin

5 ml/1 cuillère à café d'huile de sésame

1 œuf battu

100 g de crevettes décortiquées

6 ciboulette (ciboulette), hachée

6 oz/175 g de tofu coupé en dés

Faites tremper les champignons dans l'eau tiède pendant 30 minutes puis égouttez-les. Jetez les tiges et coupez les extrémités. Apportez du bouillon, du vin, du soja

sauce et sauce chili à ébullition, couvrir et cuire 5 minutes. Mélangez la fécule de maïs avec la moitié de l'eau et ajoutez-la à la soupe en remuant jusqu'à ce qu'elle épaississe. Ajoutez les champignons, le porc, le jambon, les poivrons et les châtaignes d'eau et laissez cuire 5 minutes. Mélangez le vinaigre de vin et l'huile de sésame. Battez l'œuf avec le reste d'eau et versez-le dans la soupe en remuant vigoureusement. Ajouter les crevettes, les oignons nouveaux et le tofu et cuire quelques minutes pour bien réchauffer.

soupe au tofu

pour 4 personnes

2½ pintes/6 tasses/1,5 L de bouillon de poulet

8 oz/225 g de tofu coupé en dés

5 ml/1 cuillère à café de sel

5 ml/1 cuillère à café de sauce soja

Portez le bouillon à ébullition et ajoutez le tofu, le sel et la sauce soja. Cuire quelques minutes jusqu'à ce que le tofu soit chaud.

Soupe de tofu et poisson

pour 4 personnes

8 oz/225 g de filets de poisson blanc, coupés en lanières
150 ml / ¼ pt / généreuse ½ tasse de vin de riz ou de xérès sec
10 ml / 2 cuillères à café de racine de gingembre hachée
45 ml/3 cuillères à soupe de sauce soja
2,5 ml/½ cuillère à café de sel
60 ml / 4 cuillères à soupe d'huile d'arachide
2 oignons hachés
100 g/4 oz de champignons, tranchés
2 pintes/5 tasses/1,2 L de bouillon de poulet
100 g de tofu, coupé en dés
sel et poivre fraîchement moulu

Placez le poisson dans un bol. Mélangez le vin ou le xérès, le gingembre, la sauce soja et le sel et versez sur le poisson. Laissez mariner 30 minutes. Faites chauffer l'huile et faites revenir l'oignon pendant 2 minutes. Ajoutez les champignons et continuez à frire jusqu'à ce que l'oignon soit tendre mais pas doré. Ajoutez le poisson et la marinade, portez à ébullition, couvrez et laissez cuire 5 minutes. Ajouter le bouillon, porter à ébullition, couvrir et laisser mijoter 15 minutes. Ajouter le tofu et assaisonner au goût avec du sel et du poivre. Faire revenir jusqu'à ce que le tofu soit cuit.

Soupe à la tomate

pour 4 personnes

400 g de tomates en conserve, égouttées et hachées
2 pintes/5 tasses/1,2 L de bouillon de poulet
1 tranche de racine de gingembre hachée
15 ml/1 cuillère à soupe de sauce soja
15 ml / 1 cuillère à soupe de sauce chili
10 ml/2 cuillères à café de sucre

Mettez tous les ingrédients dans une casserole et faites chauffer doucement en remuant de temps en temps. Cuire environ 10 minutes avant de servir.

Soupe de tomates et épinards

pour 4 personnes

2 pintes/5 tasses/1,2 L de bouillon de poulet

8 oz/225 g de tomates en dés en conserve

8 oz/225 g de tofu coupé en dés

225 g d'épinards

30 ml/2 cuillères à soupe de sauce soja

sel et poivre fraîchement moulu

2,5 ml/½ cuillère à café de sucre

½ cuillère à café/2,5 ml de vin de riz ou de xérès sec

Portez le bouillon à ébullition, ajoutez les tomates, le tofu et les épinards et laissez cuire 2 minutes. Ajoutez le reste des ingrédients et laissez cuire 2 minutes, mélangez bien et servez.

soupe de navet

pour 4 personnes

1¾ tasses/1 L/4¼ tasses de bouillon de poulet

1 gros navet, tranché finement

200 g de porc maigre, tranché finement

15 ml/1 cuillère à soupe de sauce soja

60 ml/4 cuillères à soupe de cognac

sel et poivre fraîchement moulu

4 échalotes, hachées finement

Portez le bouillon à ébullition, ajoutez le navet et le porc, couvrez et laissez cuire 20 minutes jusqu'à ce que le navet soit tendre et que la viande soit bien cuite. Mélanger avec de la sauce soja et du cognac au goût. Cuire jusqu'à ce qu'il soit chaud, saupoudré de ciboulette.

Bouillon

pour 4 personnes

6 champignons chinois séchés
1¾ tasses/1 L/4¼ tasses de bouillon de légumes
50 g de pousses de bambou coupées en lamelles
2 oz/50 g de châtaignes d'eau, tranchées
8 petits pois coupés en cubes
5 ml/1 cuillère à café de sauce soja

Faites tremper les champignons dans l'eau tiède pendant 30 minutes puis égouttez-les. Jetez les tiges et coupez le dessus en lanières. Ajoutez-les au bouillon avec les pousses de bambou et les châtaignes d'eau et portez à ébullition, couvrez et laissez mijoter 10 minutes. Ajoutez les petits pois et la sauce soja, couvrez et laissez cuire 2 minutes. Laisser reposer 2 minutes avant de servir.

soupe végétarienne

pour 4 personnes

¼ de chou blanc

2 carottes

3 branches de céleri

2 ciboulette (oignons verts)

30 ml/2 cuillères à soupe d'huile d'arachide

2½ points/6 tasses/1,5 L d'eau

15 ml/1 cuillère à soupe de sauce soja

15 ml / 1 cuillère à soupe de vin de riz ou de xérès sec

5 ml/1 cuillère à café de sel

poivre fraîchement moulu

Coupez les légumes en lanières. Faites chauffer l'huile d'olive et faites revenir les légumes pendant 2 minutes jusqu'à ce qu'ils commencent à ramollir. Ajoutez le reste des ingrédients, portez à ébullition, couvrez et laissez cuire 15 minutes.

Soupe de cresson

pour 4 personnes

1¾ tasses/1 L/4¼ tasses de bouillon de poulet

1 oignon haché

1 branche de céleri hachée

8 oz/225 g de cresson, haché grossièrement

sel et poivre fraîchement moulu

Portez à ébullition le bouillon, l'oignon et le céleri, couvrez et laissez mijoter 15 minutes. Ajoutez le cresson, couvrez et laissez cuire 5 minutes. Assaisonnez avec du sel et du poivre.

Poisson frit aux légumes

pour 4 personnes

4 champignons chinois séchés
4 poissons entiers, nettoyés et écaillés
huile de friture
30 ml / 2 cuillères à soupe de fécule de maïs (farine de maïs)
45 ml/3 cuillères à soupe d'huile d'arachide
100 g de pousses de bambou coupées en lamelles
50 g de châtaignes d'eau coupées en lamelles
2 oz/50 g de bok choy haché
2 tranches de racine de gingembre hachée
30 ml / 2 cuillères à soupe de vin de riz ou de xérès sec
30 ml/2 cuillères à soupe d'eau
15 ml/1 cuillère à soupe de sauce soja
5 ml/1 cuillère à café de sucre
120 ml/4 fl oz/¬Ω tasse de bouillon de poisson
sel et poivre fraîchement moulu
¬Ω tête de laitue râpée
15 ml / 1 cuillère à soupe de persil haché

Faites tremper les champignons dans l'eau tiède pendant 30 minutes puis égouttez-les. Jetez les tiges et coupez les extrémités. Couper le poisson en deux

semoule de maïs et secouer l'excédent. Faites chauffer l'huile et faites frire le poisson pendant environ 12 minutes jusqu'à ce qu'il soit cuit. Égoutter sur du papier absorbant et réserver au chaud.

Faites chauffer l'huile d'olive et faites revenir les champignons, les pousses de bambou, les châtaignes d'eau et le chou pendant 3 minutes. Ajoutez le gingembre, le vin ou le xérès, 15 ml/1 cuillère à soupe d'eau, la sauce soja et le sucre et faites frire pendant 1 minute. Ajouter le bouillon, saler et poivrer, porter à ébullition, couvrir et cuire 3 minutes. Mélangez la fécule de maïs avec le reste de l'eau, versez dans la casserole et faites cuire en remuant jusqu'à ce que la sauce épaississe. Disposez la laitue dans une assiette et placez le poisson dessus. Verser sur les légumes et la sauce et servir garni de persil.

poisson entier rôti

pour 4 personnes

1 gros bar ou poisson similaire
45 ml / 3 cuillères à soupe de farine de maïs (amidon de maïs)
45 ml/3 cuillères à soupe d'huile d'arachide
1 oignon haché
2 gousses d'ail écrasées
50 g de jambon coupé en lanières
100 g de crevettes décortiquées
15 ml/1 cuillère à soupe de sauce soja
15 ml / 1 cuillère à soupe de vin de riz ou de xérès sec
5 ml/1 cuillère à café de sucre
5 ml/1 cuillère à café de sel

Enduisez le poisson de fécule de maïs. Faites chauffer l'huile et faites revenir l'oignon et l'ail jusqu'à ce qu'ils soient légèrement dorés. Ajouter le poisson et faire revenir jusqu'à ce qu'il soit doré des deux côtés. Transférer le poisson sur du papier d'aluminium sur une plaque à pâtisserie et garnir de jambon et de crevettes. Ajoutez la sauce soja, le vin ou le xérès, le sucre et le sel dans la poêle et mélangez bien. Verser sur le poisson, couvrir de papier d'aluminium et mettre dans un four préchauffé à 150∞C/300∞F/thermostat 2 pendant 20 minutes.

poisson de soja braisé

pour 4 personnes

1 gros bar ou poisson similaire

sel

50 g/2 oz/¬Ω tasse de farine nature (tout usage)

60 ml / 4 cuillères à soupe d'huile d'arachide

3 tranches de racine de gingembre hachée

3 ciboulette (ciboulette), hachée

250 ml/8 oz/1 tasse d'eau

45 ml/3 cuillères à soupe de sauce soja

15 ml / 1 cuillère à soupe de vin de riz ou de xérès sec

2,5 ml/¬Ω c. sucre

Nettoyer et écailler le poisson et marquer en diagonale des deux côtés. Saupoudrer de sel et laisser reposer 10 minutes. Faites chauffer l'huile et faites frire le poisson jusqu'à ce qu'il soit doré des deux côtés, en le retournant une fois et en l'arrosant d'huile pendant la cuisson. Ajoutez le gingembre, les oignons verts, l'eau, la sauce soja, le vin ou le xérès et le sucre, portez à ébullition, couvrez et laissez mijoter 20 minutes jusqu'à ce que le poisson soit bien cuit. Servir chaud ou froid.

Poisson de soja à la sauce d'huîtres

pour 4 personnes
1 gros bar ou poisson similaire
sel
60 ml / 4 cuillères à soupe d'huile d'arachide
3 ciboulette (ciboulette), hachée
2 tranches de racine de gingembre hachée
1 gousse d'ail écrasée
45 ml / 3 cuillères à soupe de sauce aux huîtres
30 ml/2 cuillères à soupe de sauce soja
5 ml/1 cuillère à café de sucre
250 ml / 8 oz / 1 tasse de bouillon de poisson

Nettoyer et écailler le poisson et entailler plusieurs fois en diagonale de chaque côté. Saupoudrer de sel et laisser reposer 10 minutes. Faites chauffer la majeure partie de l'huile et faites frire le poisson jusqu'à ce qu'il soit doré des deux côtés, en le retournant une fois. Pendant ce temps, faites chauffer le reste de l'huile dans une poêle séparée et faites revenir les oignons nouveaux, le gingembre et l'ail jusqu'à ce qu'ils soient légèrement dorés. Ajouter la sauce aux huîtres, la sauce soja et le sucre et faire sauter pendant 1 minute. Ajouter le bouillon et porter à ébullition. Versez le mélange sur le poisson rouge, portez à ébullition, couvrez et laissez cuire environ

15 minutes jusqu'à ce que le poisson soit cuit, en le retournant une à deux fois pendant la cuisson.

bar cuit à la vapeur

pour 4 personnes

1 gros bar ou poisson similaire
2,25 L / 4 pintes / 10 tasses d'eau
3 tranches de racine de gingembre hachée
15 ml/1 cuillère à soupe de sel
15 ml / 1 cuillère à soupe de vin de riz ou de xérès sec
30 ml/2 cuillères à soupe d'huile d'arachide

Nettoyer et écailler le poisson et faire plusieurs coupes en diagonale des deux côtés. Portez l'eau à ébullition dans une grande casserole et ajoutez le reste des ingrédients. Plongez le poisson dans l'eau, couvrez bien, éteignez le feu et laissez reposer 30 minutes jusqu'à ce que le poisson soit cuit.

Ragoût de poisson aux champignons

pour 4 personnes

4 champignons chinois séchés
1 grosse carpe ou poisson similaire
sel
45 ml/3 cuillères à soupe d'huile d'arachide
2 ciboulette (ciboulette), hachée
1 tranche de racine de gingembre hachée
3 gousses d'ail écrasées
100 g de pousses de bambou coupées en lamelles
250 ml / 8 oz / 1 tasse de bouillon de poisson
30 ml/2 cuillères à soupe de sauce soja
15 ml / 1 cuillère à soupe de vin de riz ou de xérès sec
2,5 ml/¬Ω c. sucre

Faites tremper les champignons dans l'eau tiède pendant 30 minutes puis égouttez-les. Jetez les tiges et coupez les extrémités. Faites plusieurs coupes dans le poisson en diagonale des deux côtés, saupoudrez de sel et laissez reposer 10 minutes. Faites chauffer l'huile et faites frire le poisson jusqu'à ce qu'il soit légèrement doré des deux côtés. Ajouter les oignons verts, le gingembre et l'ail et faire sauter pendant 2 minutes. Ajouter le reste des ingrédients, porter à ébullition, couvrir

et laissez cuire 15 minutes jusqu'à ce que le poisson soit bien cuit, en le retournant une ou deux fois et en remuant de temps en temps.

Poisson aigre-doux

pour 4 personnes

1 gros bar ou poisson similaire

1 œuf battu

50 g/2 oz de farine de maïs (amidon de maïs)

huile de friture

Pour la sauce:

15 ml / 1 cuillère à soupe d'huile d'arachide

1 poivron vert coupé en lanières

100 g de morceaux d'ananas en conserve au sirop

1 oignon coupé en quartiers

100 g / 4 oz / ¬Ω tasse de cassonade

60 ml/4 cuillères à soupe de bouillon de poulet

60 ml/4 cuillères à soupe de vinaigre de vin

15 ml / 1 cuillère à soupe de purée de tomates (pâte)

15 ml / 1 cuillère à soupe de fécule de maïs (farine de maïs)

15 ml/1 cuillère à soupe de sauce soja

3 ciboulette (ciboulette), hachée

Nettoyez le poisson et retirez les nageoires et la tête, si vous préférez. Tremper dans l'œuf battu puis dans la fécule de maïs. Faites chauffer l'huile et faites frire le poisson jusqu'à ce qu'il soit doré. Bien égoutter et réserver au chaud.

Pour préparer la sauce, faites chauffer l'huile d'olive et faites revenir le poivron, l'ananas égoutté et l'oignon pendant 4 minutes. Ajouter 30 ml/2 cuillères à soupe de sirop d'ananas, le sucre, le bouillon, le vinaigre de vin, la pâte de tomate, la fécule de maïs et la sauce soja et porter à ébullition en remuant. Cuire en remuant jusqu'à ce que la sauce s'éclaircisse et épaississe. Verser sur le poisson et servir parsemé de ciboulette.

Poisson farci au porc

pour 4 personnes

1 grosse carpe ou poisson similaire

sel

100 g de porc haché (haché)

1 échalote (oignon vert), hachée

4 tranches de racine de gingembre hachée

15 ml / 1 cuillère à soupe de fécule de maïs (farine de maïs)

60 ml/4 cuillères à soupe de sauce soja

15 ml / 1 cuillère à soupe de vin de riz ou de xérès sec

5 ml/1 cuillère à café de sucre

75 ml/5 cuillères à soupe d'huile d'arachide

2 gousses d'ail écrasées

1 oignon émincé

300 ml/¬Ω pt/1¬° tasse d'eau

Nettoyer et écailler le poisson et saupoudrer de sel. Ajoutez le porc, la ciboulette, un peu de gingembre, la maïzena, 15 ml/1 cuillère à soupe de sauce soja, le vin ou le xérès et le sucre et remplissez le poisson. Faites chauffer l'huile et faites frire le poisson jusqu'à ce qu'il soit légèrement doré des deux côtés, retirez-le de la poêle et égouttez la majeure partie de l'huile.

Ajouter le reste de l'ail et du gingembre et faire revenir jusqu'à ce qu'ils soient légèrement dorés.

Ajouter le reste de sauce soja et l'eau, porter à ébullition et cuire 2 minutes. Remettez le poisson dans la poêle, couvrez et faites cuire jusqu'à ce qu'il soit bien cuit, environ 30 minutes, en le retournant une ou deux fois.

www.ingramcontent.com/pod-product-compliance
Lightning Source LLC
Chambersburg PA
CBHW071859110526
44591CB00011B/1474